Hecken –
lebende Gartenzäune

Katharina Adams

Hecken – lebende Gartenzäune

Mit illustrierten Beispielen
Planen, pflanzen, schneiden

AUGUSTUS

Bildnachweis: W. Redeleit: S. 5, 6, 8 oben, 13, 14, 15, 18, 20, 21.
Alle anderen Bilder stammen von der Autorin.

Die Deutsche Bibliothek – CIP-Einheitsaufnahme

Ein Titeldatensatz für diese Publikation ist bei der Deutschen Bibliothek erhältlich.

Dieses Buch folgt den Regeln der neuen deutschen Rechtschreibung

Augustus Verlag München 2001

Gesamtproduktion: Buch & Konzept, München
Umschlaggestaltung: Vera Faßbender, Augsburg
Umschlagfoto(s): Wolfgang Redeleit (vorne groß und hinten), Strauß (vorne klein)
Illustration: Svetlana Safronow, Augsburg und Anna Aisenstadt (Seite 27 und 28)
Satz: Gesetzt aus der The Mix 9/12 Punkt von Caroline Saupe, München
Reproduktion: Litho Art, München
Druck und Bindung: Offizin Andersen Nexö, Leipzig
Gedruckt auf chlorfrei gebleichtem Papier
Printed in Germany

ISBN 3-8043-7159-0

Vorwort

Seit Menschen in Siedlungen leben und ihr Hab und Gut zu schützen versuchen, pflanzen sie auch Hecken. Der Begriff „Hecke“ leitet sich daher auch vom althochdeutschen „hegga“ oder Gehege ab.
Diese Hecken hatten ganz verschiedene Aufgaben: Häuser und Höfe sollten vor Wind geschützt werden, die Viehweiden wurden mit dichten, dornigen Hecken abgegrenzt und aufgeteilt, und die Nutzgärten rund ums Haus wurden damit eingefasst. Hierzu verwendete man auch oft einfachdickere Weidenzweige, die senkrecht in die Erde gesteckt und dann horizontal miteinander verflochten wurden. Wenn diese ausschlugen und Laub ausbildeten, hatte man gleich einen „lebenden Zaun“. Dies ist die wohl einfachste und unkomplizierteste Art, eine Hecke zu pflanzen.
Auch heute werden Hecken aus den vielfältigsten Gründen gepflanzt. Eines der Hauptanliegen ist sicher, einen attraktiven und dichten Sichtschutz zu schaffen, um ungestört von neugierigen Blicken die Tage im Freien genießen zu können. Für jeden Zweck gibt es bestens geeignete attraktive Gehölze. Manche beeindrucken durch ihre schönen Blüten, besonderen Fruchtschmuck oder Aufsehen erregende Herbstfärbung. Andere gehören eher zu den bescheideneren Vertretern und bilden einen ruhigen Hintergrund für Rabatten oder besondere Solitäre.

Hecken schützen vor neugierigen Blicken, bieten Tieren Lebensraum und sehen einfach schön aus!

Was Hecken alles können!

Geschnittene Lorbeerkirsche als Sichtschutzhecke.

Unter einer Hecke versteht man eine Pflanzung von Sträuchern im Verband, entweder als Aneinanderreihung von Exemplaren der gleichen Art oder als Kombination verschiedener Arten, die vom Aussehen und vom Wuchs her zueinander passen. Meist werden Hecken als blickdichte Einfassungen von Grundstücken verwendet, sie können aber auch als Umrahmung von Beeten oder einzelnen Gartenpartien dienen.

Hecken als Sichtschutz

Jeder, der sich nach Einzug in ein neues Haus auf seinem Grundstück, das ein Garten werden soll, umgesehen hat, kennt den Wunsch, daraus ein grünes Refugium zu erschaffen, in das er sich nach des Tages Arbeit und am Wochenende zurückziehen kann. So ein „Wohlfühlgarten" braucht Privatsphäre und eine gewisse Abgeschlossenheit gegenüber der Umgebung. Dies können Sie natürlich auch durch Zäune oder Mauern erreichen. Allerdings wirkt eine Hecke viel lebendiger; besonders Hecken aus Laubgehölzen ändern ihr Aussehen je nach Jahreszeit und bieten so immer wieder einen interessanten Anblick. Hohe Mauern und völlig blickdichte Zäune dagegen erwecken leicht den Eindruck einer Festung und können in kleinen Gärten erdrückend wirken. Möglich ist auch eine Kombination aus Zaun und Hecke. So können zum Beispiel Latten- oder Flechtzäune durch einzelne Heckenpartien unterbrochen werden, für die man entweder streng geschnittene Laub- bzw. Nadelgehölze oder auch einige wenige schöne Blütensträucher verwendet. Zusätzlich können die Zaunabschnitte mit Kletterpflanzen berankt werden. Diese Lösung bietet sich besonders für sehr kleine Gärten an, bei denen eine komplette Schnitthecke mit einer Tiefe von 50–100 cm schon zuviel Platz wegnimmt.

Ein Aspekt für die Entscheidung „Hecke oder Zaun" ist die Tatsache, dass die Gehölze bei der Pflanzung nicht sofort völligen Sichtschutz bieten. Einige Arten, z. B. Lebensbaum *(Thuja)*, Scheinzypresse *(Chamaecyparis)*, Feldahorn *(Acer)* oder Hainbuche *(Carpinus)* sind sehr schnellwüchsig. Das bedeutet einerseits, dass auch größere Pflanzen nicht allzu viel kosten und andererseits,

Hainbuche – Sichtschutz auch im Winter.

dass die Hecke schon nach etwa zwei Jahren einen geschlossenen, dichten Eindruck macht.

Räume schaffen mit Hecken

Gärten, die vom Betrachter als Ganzes einsehbar sind, wirken leicht langweilig. Mit Hecken können Sie Blickachsen schaffen und Überraschungseffekte erzielen. Der Garten bekommt dadurch mehr Tiefe und Struktur. Berühmte englische Gärten wie Sissinghurst sind in zahlreiche „Zimmer" unterteilt, die jeweils unterschiedlich gestaltet sind. Der Besucher erlebt so jedesmal einen Aha-Effekt beim Betreten eines neuen Bereiches. Hausgärten haben natürlich viel kleinere Dimensionen, trotzdem lassen sich solche Gestaltungsgrundsätze ohne weiteres darauf übertragen. Beispielsweise können Sie mit Hecken einen intimen Sitzplatz gestalten, Zier- und Nutzgartenbereiche trennen oder überraschende Blicke auf Skulpturen oder schöne bepflanzte Terracottatöpfe lenken. In derart gestalteten Gärten können Sie umherwandern und immer Neues entdecken; trotz der gewollten Zerteilung in kleine Bereiche wirkt der Garten größer.

Hecken als niedrige Einfassung

In Bauerngärten werden seit jeher Gemüse- und Blumenbeete mit niedrigen Hecken

Raum bildende Hecken – so wird der Garten interessant.

aus Buchsbaum (*Buxus*) eingefasst. Ihren Ursprung hat diese Stilrichtung in den herrschaftlichen Gärten des Barock. Dort wurden aufwändigste Formen wie Schleifen, Bögen und Rocaillen nach Vorlagen der aktuellen Architektur und Mode gepflanzt, meist kombiniert mit Solitärgehölzen, die in geometrische Formen wie Kegel, Kugeln oder Spiralen geschnitten wurden.
Einzelne Elemente wurden dann schnell von der einfachen Bevölkerung übernommen und auf vereinfachte Weise in den Bauerngärten umgesetzt.
Genau diese Mischung aus formalem Rahmen und üppiger Bepflanzung macht den speziellen Reiz solcher Bauerngärten aus. Diese Stilrichtung ist zur Zeit wieder ganz aktuell und lässt sich auch im kleinen Garten verwirklichen. Eine kleine Ecke mit Küchenkräutern ist zum Beispiel hervorragend dazu geeignet.
Für solche niedrigen Einfassungen von Beeten oder als Wegfassung eignet sich aber nicht nur Buchsbaum, sondern beispielsweise auch Lavendel (*Lavandula angustifolia*), der im Hochsommer üppig lila blüht und zudem noch durch seinen würzigen Duft erfreut. Besonders in der Nähe von Sitzplätzen ist er empfehlenswert.

Hecken aus Naturschutzgründen

Seit einigen Jahren entstehen wieder zahlreiche Feldhecken und Knicks zwischen den Äckern und an Wegrändern. Diese bestehen aus heimischen Straucharten, die vielen Tieren Nahrung und Schutz in unserer ansonsten doch sehr aufgeräumten Landschaft bieten. Auch im Garten kann eine solche Feldhecke in abgewandelter Form Sinn machen. Besonders gut passt sie zum Konzept des naturnahen Gartens, in dem möglichst viele heimische Pflanzen nicht nur den Gartenbesitzer erfreuen, sondern auch Insekten, Vögeln und anderen Vertretern der heimischen Tierwelt Nahrung und Lebensraum bieten.
Viele Gehölze, die in Feldhecken verwendet werden, gehören sicher nicht zu den auffälligsten. Oft zeichnen sie sich aber durch attraktiven Fruchtbehang oder leuchtende Herbstfärbung aus und verdienen es, im Garten verwendet zu werden. Empfehlenswerte Sträucher sind Pfaffenhütchen (*Euonymus europaea*), Feldahorn (*Acer campestre*), Schneeball (*Viburnum opulus*) und Weißdorn (*Crataegus monogyna*).

Hübsche Umrahmung mit Buchsbaum.

Hecken als Windschutz

Auch heute noch werden Hecken eingesetzt, um das Kleinklima auf Grundstücken zu verbessern. Anders als Mauern sind Hecken nicht völlig winddurchlässig, sondern

Ländliche Hecke mit heimischen Gehölzen.

schwächen diesen nur ab. Dadurch kann es nicht zu Verwirbelungen durch Windfall kommen, der anderen Pflanzen dahinter erst recht schadet. Meist wird diese Eigenschaft nicht bewusst genutzt, oft werden aber Gartenpartien, die mit Hecken eingefasst sind, schnell zu Lieblingsplätzen der Gartennutzer. Es wird dort im Sommer nie so glutheiß wie vor einer Mauer, andererseits sitzt man dort geschützt vor starkem Wind.

Hecken, einfach weil sie schön sind

Natürlich können Sie Ihre Lieblingsgehölze alle einzeln in Ihrem Garten verteilen, um sie von allen Seiten betrachten zu können. Gestalterisch ist das allerdings nicht der Weisheit letzter Schluss, es macht eher den Eindruck einer botanischen Sammlung als den eines Gartens, in dem auch gelebt wird. Daher liegt es nahe, zusammenpassende Gehölze in Hecken zu kombinieren und in die Gesamtgestaltung einzufügen. Das heißt nicht, dass besonders prächtige Gehölze als Solitär nicht hinreißend aussehen können.
Welche Gehölze zusammenpassen, ist sicher auch eine

Geschmacksfrage, allerdings gibt es einige Grundregeln, die bei der Auswahl helfen. Die Boden- und Lichtansprüche sollten Sie auf jeden Fall beachten, wobei die meisten Gehölze mit einem gepflegten Gartenboden und einem sonnigen bis halbschattigen Standort keinerlei Probleme haben. Auch für fast alle anderen Standortbedingungen gibt es geeignete Gehölze, allerdings ist die Auswahl schon etwas eingeschränkter. Andere Kriterien sind Blütenfarbe, Blütezeit, gewünschte Wuchshöhe, eventuell auch Laubfärbung oder der Wunsch nach immergrünen Gehölzen. In den Pflanzvorschlägen und Gehölzporträts finden Sie Vorschläge für fast jeden Geschmack und die verschiedensten Standorte.
Tipps zu fachgerechten Pflege- und Schnittmaßnahmen unterstützen die Wirkung Ihrer Pflanzen.

Blütezeitkalender

Art	**Jan.**	**Feb.**	**März**	**April**	**Mai**	**Juni**	**Juli**	**Aug.**	**Sept.**	**Okt.**	**Nov.**	**Dez.**
Amelanchier lamarckii				x								
Prunus padus				x	x							
Amelanchier ovalis				x	x							
Prunus spinosa				x	x							
Spiraea cinerea u. *S.* x *arguta*				x	x							
Aronia melanocarpa					x							
Cornus alba; C. sanguinea					x							
Parrotiopsis jaquemontaniana					x							
Prunus laurocerasus					x							
Viburnum lantana					x							
Deutzia-Arten u. Sorten					x	x						
Lonicera maackii					x	x						
Malus-Hybriden in Sorten				x	x							
Mespilus germanica					x	x						
Rubus x *tridel*					x	x						
Sorbus aucuparia					x	x						
Stepanandra tanakae					x	x						
Viburnum opulus					x	x						
Pyracantha-Sorten					x	x						
Philadelphus-Arten u. Sorten						x	x					
Physocarpus opulifolius						x	x					
Rosa multiflora						x	x					
Sambucus nigra						x	x					
Viburnum sargentii						x	x					
Holodiscus discolor						x	x	x				
Heptacodium miconioides					x	x	(x)					

Fortsetzung: **Blütezeitkalender**

Art	Jan.	Feb.	März	April	Mai	Juni	Juli	Aug.	Sept.	Okt.	Nov.	Dez.
Corylus avellana		x	x									
Cornus mas			x	x								
Forsythia x *intermedia*				x	x							
Caragana arborescens					x							
Berberis aggregata					x	x						
Berberis verruculosa					x	x						
Kerria japonica					x	x						
Petteria ramentacea					x	x						
Colutea arborescens				x	x	x	x	x	x			
Rosa 'Canary Bird' u.a.						x						
Zantoxylum simulans						x						
Berberis wilsoniae						x	x					
Potentilla fruticosa						x	x	x	x			
Viburnum x *bodnantense*	(x)	x	x	x								
Chaenomeles-Arten u. Sorten			x	x								
Ribes sanguineum				x	x							
Viburnum carlesii				x	x							
Prunus x *cistena*					x							
Kolkwitzia amabilis					x	x						
Lonicera tatarica					x	x						
Neillia thibetica					x	x						
Rhododendron-Sorten					x	x						
Syringa julianae					x	x						
Viburnum x *juddii*					x	x						
Robinia hispida					x	x						
Rosa (einmalblühende)						x	x					
Weigela-Sorten						x	x		(x)			
Hibiscus syriacus						(x)	x	x	x			
Spiraea x *bumalda* u. *S. japonica*					x	x	(x)					
Tamarix ramosissima							x	x	x)			
Syringa vulgaris					x	(x)						
Syringa microphylla				x					x			
Syringa x *persica*					x	x						
Amorpha canescens					x	x						
Buddleja davidii						x	x	x	x			
Caryopteris x *clandonensis*						x	x	x				

Hecken planen, pflanzen und pflegen

Unter Schnitthecken versteht man eine Reihenpflanzung gleicher Gehölze, die relativ dicht zusammengesetzt und durch regelmäßigen Schnitt in Form gehalten werden. Oft verwendet man dafür Nadelgehölze, die von Natur aus säulenförmig wachsen, z. B. Scheinzypresse (*Chamaecyparis*) und Lebensbaum (*Thuja*) oder Laub- und auch Nadelgehölze, die besonders schnittverträglich sind, z. B. Buche (*Fagus*), Hainbuche (*Carpinus*) oder Eibe (*Taxus*). Schnitthecken benötigen erheblich weniger Platz als frei wachsende Hecken und werden hauptsächlich als Sichtschutz oder Raumbildner verwendet.
Der Blütenansatz bei Laubgehölzen wird durch den regelmäßigen Schnitt stark beschränkt oder ganz unterbunden, spielt hierbei aber auch nur eine untergeordnete Rolle.
Frei wachsende Hecken sind Kombinationen von meist blühenden Gehölzen, die ihre Wirkung durch die geeignete Zusammenstellung erzielen. Solche Hecken benötigen meist sehr viel mehr Platz als Schnitthecken, denn sie sollen auch durch ihre natürliche Wuchsform wirken. Oft werden sie in mehreren Reihen mit abgestufter Wuchshöhe gepflanzt, um ein dichtes und ausgewogenes Bild zu erzielen. Natürlich müssen auch an einer solchen Hecke Pflegemaßnahmen durchgeführt werden, sie beschränken sich aber auf vorsichtiges Auslichten und Entfernen erfrorener oder abgestorbener Triebe. Auch einige Korrekturen der Wuchsform sind ab und zu nötig. Grundsätzlich soll eine frei wachsende Blütenhecke aber möglichst natürlich wirken.
Auf jeden Fall sollten Sie die Höhe und Breite, die die Gehölze nach einigen Jahren erreichen, schon bei der Pflanzung berücksichtigen. Bei zu dichter Pflanzung haben die Pflanzen nicht die Möglichkeit, ihre typische Wuchsform zu entfalten und wachsen zu stark in die Höhe. Dadurch kommt es leicht zu einer Verkahlung im unteren Bereich und die ganze Hecke wird „durchsichtig“ gerade in dem Bereich bis 1 m Höhe, der als Sichtschutz so wichtig ist. Bei ausreichendem Pflanzabstand können sich die Gehölze in ihrem natürlichen Habitus entfalten und

Ein einfacher Sitzplatz im Schatten einer hohen Hecke.

Sie müssen nur ab und zu kleinere Eingriffe wie leichtes Auslichten oder Entfernen abgeblühter Blütenstände vorzunehmen.

Planung und Gestaltung

Bevor Sie zur Pflanzung schreiten, sollten Sie entscheiden, welchen Heckentyp Sie pflanzen möchten. Die meisten Blütensträucher benötigen einen sonnigen oder zumindest halbschattigen Platz, um zufriedenstellend zu wachsen. Benötigen Sie einen ganzjährigen Sichtschutz, so dass möglichst immergrüne Gehölze zum Einsatz kommen oder benötigen Sie die abschirmende Wirkung vor allem im Sommer, wenn Sie oft im Freien sitzen? Soll die Hecke zur Straßenseite hin gepflanzt werden, ist sicher eine Höhe erwünscht, die verhindert, dass Passanten Ihnen beim Sonnenbaden zusehen können. Schnitthecken aus schnell wachsenden Gehölzen wie Feldahorn oder Scheinzypresse sind in diesem Fall zu empfehlen. Grenzt Ihr Grundstück an Wiesen und Felder und Sie möchten auch noch etwas von der Landschaft sehen? Dann sollten Sie sich für eine niedrigere Hecke entscheiden oder abgestufte Höhen wählen, die einen teilweisen Ausblick in die Landschaft erlauben. Der Aspekt der totalen Blickdichte rückt hierbei in den Hintergrund. Es gibt allerdings in zahlreichen ländlichen Gemeinden Vorschriften für die Bepflanzung der Übergangszonen von Bebauungszone und freier Landschaft, häufig müssen dort heimische Gehölze gepflanzt werden. Auf jeden Fall sollten Sie sich bei Ihrer Gemeinde erkundigen. In den Gemeindekernen und in Stadtnähe gibt es solche Vorschriften nicht, dagegen sollten Sie die jeweiligen Vorschriften für Grenzabstände und Höhenvorgaben beachten.

Gestalten mit Schnitthecken

Schnitthecken bieten sich immer dann an, wenn nur ein begrenzter Raum zur Verfügung steht oder wenn ein ruhiger Hintergrund gewünscht wird. Besonders immergrüne Schnitthecken können einem Garten ein gutes Grundgerüst verleihen, das auch im Winter strukturbildend wirkt. Die oben angesprochene Eintei-

Für Liebhaber formaler Gärten sind kunstvoll geschnittene Hecken unentbehrlich.

lung des Gartens in Bereiche und „Zimmer" lässt sich am besten mit Schnitthecken erzielen.

Gestalten mit Blütenhecken

Wenn Sie sich für eine frei wachsende Blütenhecke entscheiden, haben Sie ungeheuer vielfältige Möglichkeiten hinsichtlich der Gestaltung und der Schwerpunktsetzung bezüglich Blütezeiten, Höhe, Gesamtwirkung und jahreszeitlichen Aspekten. Vielleicht wünschen Sie sich eine Hecke, die im Frühjahr mit einem Paukenschlag den Blütenreigen im Garten eröffnet, um danach den Stauden und Sommerblumen als unauffälliger Hintergrund zu dienen. Oder Sie möchten sich besonders im Sommer an einer üppigen Blüte erfreuen. Manche Gehölze zeigen erst im Herbst, was in ihnen steckt, wenn sie sich mit leuchtender Herbstfärbung und attraktiven Früchten schmücken. Sind Sie Pflanzensammler, immer auf der Suche nach Neuheiten und Raritäten? Auch daraus lässt sich eine ungewöhnliche Hecke zusammenstellen. Die meisten Gartenböden sind durch regelmäßige Pflege und Düngergaben für die meisten Gehölze geeignet, aber es gibt auch Problemstandorte, zum Beispiel mit schlechter Wasserversorgung und sengender Mittagssonne. Aber auch dafür gibt es noch eine genügende Anzahl schöner Sträucher, die nur auf ihren speziellen Einsatz warten. Früchte naschen und ernten macht Freude: Mit einer Fruchthecke ist das kein Problem, und unsere gefiederten und pelzigen Gartenmitbewohner finden diese Idee sicher auch gut. Sie sehen also, der Fantasie sind keine Grenzen gesetzt.
Die in diesem Buch enthaltenen Pflanzvorschläge und Pflanzenporträts sollen Ihnen dabei helfen, Ihr persönliches Schmuckstück zu verwirklichen.

Eine ländliche gemischte Blütenhecke in Kombination mit einem Staketenzaun.

Auswahl der Gehölze

Damit Sie dauerhaft Freude an Ihrer Hecke haben, sollten Sie für den geplanten Standort die geeigneten Arten auswählen. Die meisten Gehölze kommen mit unterschiedlichen Standortbedingungen gut zurecht. Wenn Sie einen nicht zu schweren, lehmig-humosen Gartenboden haben, können Sie aus einer riesigen Zahl an geeigneten Gehölzen wählen. Manche Gehölze bevorzugen aber auch leichten, sehr durchlässigen Boden und kommen mit Trockenheit bestens zurecht. Gehölze, die auch mit feuchten, schweren Böden keine Probleme haben, sind beispielsweise einige Schneeballarten (*Viburnum opulus* und *V. sargentii*), Traubenkirsche

(*Prunus padus*) und Hartriegel (*Cornus alba* und *C. sanguinea*); für leichte durchlässige, aber dennoch nahrhafte Böden bieten sich Schmetterlingsflieder (*Buddleja davidii*), Berberitzen (*Berberis*) oder Flieder (*Syringa*) an, und mit sandigen, trockenen Böden kommen Bartblume (*Caryopteris*), Blauraute (*Perovskia*) und Blasenstrauch (*Colutea*) bestens zurecht.

Auf den Boden kommt es an

Wie können Sie nun testen, welchen Boden Ihr Garten hat? Graben Sie dazu an verschieden Stellen spatentiefe Bodenproben aus und nehmen Sie die Erde in Ihre Hand. Fühlt sie sich sehr klebrig an, lässt sie sich gar zu kleinen festen Kügelchen kneten? Dann besitzt Ihr Boden einen hohen Lehmanteil und neigt zu Staunässe. Andererseits kann dieser Boden in Trockenzeiten auch länger die Feuchtigkeit im Boden halten. Verbessern können Sie solche Böden durch das großzügige

Blütengehölze für niedrige Hecken bis 1,5 m Höhe oder für den Vordergrund (Auswahl)

Name	Ansprüche	Wuchsstärke	Schnitt/Pflege
Amorpha canescens	sonnig; durchlässiger Boden	mittel	zurückgefrorene Triebe herausschneiden, gelegentlich vorsichtig auslichten
Aronia melanocarpa	sonnig bis halbschattig;	mittel	möglichst wenig schneiden, höchstens vorsichtig auslichten
Berberis aggregata	sonnig	mittel – stark	möglichst kein Schnitt
Caryopteris x *clandonensis*	Sonnig; durchlässiger Boden	mittel	jährlicher starker Rückschnitt bis 20 cm über dem Boden im Frühjahr
Chaenomeles-Hybriden	sonnig bis halbschattig; frisch	langsam – mittel	leichter Formschnitt bei Bedarf
Perovskia atriplicifolia	sonnig; durchlässiger Boden	stark	jährlicher starker Rückschnitt bis ca. 20 cm über dem Boden im Frühjahr
Potentilla fruticosa	sonnig; frischer Boden	mittel	starker Rückschnitt bis ca. 30 cm über dem Boden alle 2–3 Jahre
Rosa rugosa	sonnig, durchlässiger Boden	stark	jährlicher Rückschnitt im Frühjahr bis ca. 20 cm über dem Boden empfehlenswert
Spiraea x *bumalda*	sonnig bis halbschattig	zunächst schwach, später mittel	starker Rückschnitt alle 2 – 3 Jahre im Frühjahr bis ca. 20 cm über dem Boden
Syringa microphylla	sonnig	schwach	möglichst kein Schnitt

Blütengehölze für höhere Hecken ab 1,5 m (Auswahl)

Name	Ansprüche	Wuchsstärke	Schnitt/Pflege
Amelanchier lamarckii u. *A. ovalis*	sonnig bis halbschattig	mittel	alle 3–4 Jahre leicht auslichten
Berberis x *ottawensis*	sonnig bis halbschattig	schwach – mittel	alle 2–3 Jahre leichter Auslichtungsschnitt
Berberis verruculosa	sonnig bis halbschattig	schwach – mittel	bei Bedarf leichter Rückschnitt
Buddleja davidii	sonnig; keine schweren Böden	stark	jährlicher starker Rückschnitt im Frühjahr bis ca. 50 cm über dem Boden
Cornus mas	sonnig bis halbschattig	schwach	bei Bedarf leichter Auslichtungsschnitt alle 2–3 Jahre
Cornus alba u. *C. sanguinea*	sonnig bis halbschattig	mittel – stark	alle 2–3 Jahre alle älteren Triebe bis zum Boden zurückschneiden
Corylus avellana	sonnig bis halbschattig	stark	jährlicher Auslichtungsschnitt, bei Bedarf auch radikaler Rückschnitt möglich
Deutzia-Arten	sonnig bis halbschattig	mittel – stark	leichtes Auslichten alle 1–2 Jahre
Forsythia x *intermedia* und Sorten	sonnig bis halbschattig	stark	Leichtes Auslichten alle 2–3 Jahre
Kerria japonica	sonnig bis halbschattig (schattig)	mittel – stark	leichter Rückschnitt nach der Blüte empfehlenswert
Kolkwitzia amabilis	sonnig bis halbschattig	mittel	leichtes Auslichten alle 2–3 Jahre
Lonicera-Arten	sonnig bis halbschattig	mittel	leichtes Auslichten alle 2–3 Jahre
Petteria ramentacea	sonnig	mittel	bei Bedarf vorsichtig auslichten
Philadelphus-Sorten	sonnig bis halbschattig	stark	leichtes Auslichten alle 2–3 Jahre
Physocarpus opulifolius	sonnig bis schattig	mittel – stark	bei Bedarf vorsichtiges Auslichten möglich
Prunus spinosa	sonnig bis halbschattig	mittel	bei Bedarf Rückschnitt nach der Blüte, ansonsten vorsichtiges Auslichten
Pyracantha-Hybriden	sonnig bis halbschattig	schwach – mittel	starker Rückschnitt möglich, für Schnitthecken jährlicher Formschnitt
Ribes sanguineum	sonnig bis halbschattig	mittel	leichtes Auslichten alle 2–3 Jahre
Rosa (Historische, Wild-, u. Parkrosen)	sonnig	mittel	möglichst wenig Schnittmaßnahmen, nur vorsichtiges Auslichten im Frühjahr
Sambucus nigra	sonnig bis halbschattig	stark	jährliches Auslichten empfehlenswert, zusätzlich starker Rückschnitt alle 4–5 Jahre
Spiraea x arguta u. *S. cinerea*	sonnig	mittel – stark	leichter Rückschnitt nach der Blüte empfehlenswert
Syringa-Arten	sonnig (bis halbschattig)	schwach – mittel	auslichtungsschnitt alle 2–3 Jahre, leichter Rückschnitt nach der Blüte
Viburnum–Arten	sonnig bis halbschattig	mittel	leichtes Auslichten alle 2–3 Jahre
Weigela–Hybriden	sonnig bis halbschattig	mittel	leichtes Auslichten alle 2–3 Jahre

Baumschulen halten ein großes Angebot an Containerpflanzen bereit.

Einarbeiten von reifer Komposterde, Sand und fein gehäckseltem Pflanzenmaterial. Auch die Einsaat von einjährigen Gründüngungspflanzen wie Phacelia oder wildem Senf, die nach dem Absterben einfach untergegraben werden, ist wirkungsvoll. Regelmäßige Kalkgaben, die sofort leicht untergehackt werden, tragen auch zur kontinuierlichen Verbesserung bei.
Leichter Boden zeichnet sich dagegen dadurch aus, dass er einen hohen Sandanteil enthält. Er lässt sich sehr leicht bearbeiten. Wenn Sie ihn in die Hand nehmen, können Sie die einzelnen Sandkörner fühlen, der Boden ist krümelig und lässt sich nicht formen, sondern fällt sofort wieder auseinander. Auch solche Böden können bis zu einem gewissen Grade verbessert werden, indem möglichst viel organisches Material wie Komposterde oder Rindenhumus eingearbeitet wird. Zusätzlich sollten Sie im Handel erhältliche Gesteinsmehle einbringen, wobei die Empfehlungen der Hersteller beachtet werden sollten.

Der pH-Wert

Um den pH-Wert des Bodens festzustellen, können Sie einen Schnelltest durchführen, den Sie im Handel erhalten und der sehr einfach zu handhaben ist. Ein pH-Wert unter 6 kennzeichnet sauren Boden, über 7 alkalischen. Werte zwischen 5,5 und 7,5 sind in den meisten Gärten zu finden und werden auch von der überwiegenden Anzahl von Pflanzen bevorzugt. Stark saure Böden werden nur von reinen Moorbeetpflanzen benötigt, auch Rhododendron gehört hierzu. Bei einem alkalischen Boden sollten Sie daher lieber auf Rhododendron verzichten, wenn Sie nicht den kompletten Boden großräumig austauschen wollen. Es gibt genug wunderschöne Blütensträucher, die auf alkalischem Boden bestens gedeihen! In den Pflanzvorschlägen werden Sie bestimmt fündig.

Der Einkauf von Gehölzen

Sobald Sie sich entschieden haben, wie Ihre Hecke aussehen soll, können Sie an den Einkauf der Pflanzen denken. In Baumschulen und Gartencentern finden Sie eine große Auswahl nicht nur an Arten und Sorten, sondern auch an verschiedenen Verkaufsgrößen. Größere Exemplare sind naturgemäß teurer, da sie in der Baumschule länger betreut und gepflegt wurden. Hier müssen Sie abwägen, ob Sie gleich mehr Geld für höhere Pflanzen ausgeben wollen oder ob Sie preiswerte kleinere kaufen und die Hecke dann ein paar

Jahre länger bis zur endgültigen Höhe benötigt. Auch die unterschiedlichen Arten und Sorten können erhebliche Preisunterschiede aufweisen; einige werden in großen Stückzahlen vermehrt, weil sie oft nachgefragt werden, andere sind seltener im Handel oder lassen sich nicht so einfach vermehren. Diese sind unter Umständen um einiges teurer.

Qualitäten und Verkaufsformen

Gehölze werden entweder als wurzelnackte Pflanzen, Ballenware oder Containerpflanzen angeboten.

Am preiswertesten sind die wurzelnackten Pflanzen, die in frostfreien Zeiträumen von Oktober bis April direkt in der Baumschule gerodet und sofort verkauft werden. Sie müssen nach dem Roden möglichst schnell eingepflanzt werden und bergen das höchste Anwachsrisiko. Außerdem können die Gehölze nur zu den erwähnten Zeiten gerodet und gepflanzt werden.

Ballenware wird in der Baumschule regelmäßig verpflanzt, um den Wurzelballen kompakt zu halten. Zum Verkauf wird der Ballen dann in ein Ballentuch gewickelt, das die Wurzeln vor Verletzung und Austrocknung schützt. Auch hier kann nicht ganzjährig, sondern nur von Oktober bis April bei frostfreier Witterung gepflanzt werden.

Containerpflanzen werden in der Baumschule von Anfang an in Plastiktöpfen herangezogen. Sie können zu jeder Zeit gepflanzt werden, sind aber am teuersten. In den letzten Jahren sind die Baumschule mehr und mehr dazu übergegangen, ihre Gehölze als Containerpflanzen anzubieten, so dass die Auswahl inzwischen ziemlich umfassend ist.

Bei großen Mengen, wie sie für lange Schnitthecken oft

Kosten für Heckenpflanzen pro laufendem Meter in DM

Name	wurzelnackt	Ballen	Container	Jahre bis ca. 2 m Höhe und geschlossenem Wuchs
Feldahorn / 100–125	15,–	50,–	55,–	5–6
Feldahorn / 125–150	40,–	65,–	70,–	3–5
Feldahorn / 150–200	55,–	90,–	150,–	2–4
Hainbuche / 100–125	30,–	90,–	75,–	5–7
Hainbuche / 125–150	70,–	110,–		4–6
Hainbuche / 150–200	90,–	150,–		2–3
Scheinzypresse / 100–125	120,–	160,–		6–9
Scheinzypresse / 125–150	240,–			5–7
Scheinzypresse / 150–200	500,–			3–4
Eibe / 100–125		200,–		6–8
Eibe / 125–150		300,–		4–6
Eibe / 150–175		500,–		3–4

Die Kosten wurden mit Hilfe aktueller Baumschulkataloge ermittelt. Wichtig: Nicht alle Arten werden in allen Qualitäten angeboten, Containerware ist meist nur bis zu einer bestimmten Größe erhältlich, mittlere und höhere Qualitäten sind am häufigsten als Ballenware erhältlich.

benötigt werden, sollten Sie überlegen, ob Sie nicht auf wurzelnackte Pflanzen zurückgreifen und eventuelle Ausfälle nachpflanzen. Trotzdem liegen Sie damit in der Anschaffung erheblich preiswerter. Außerdem werden größere Exemplare über 1,5 bis 2 m sehr selten in Containern angeboten, da die Kultur solch großer Pflanzen darin sehr schwierig ist.
Für welche Pflanzengröße Sie sich entscheiden, hängt einerseits davon ab, wie viel Geld Sie ausgeben können oder möchten, andererseits davon, wie wichtig es Ihnen ist, dass Sie schnell einen guten Sichtschutz erreichen. Gerade die langsam wachsenden Arten wie z. B. Eibe (*Taxus baccata*) sind als größere Pflanzen besonders teuer; nehmen Sie daher kleinere Pflanzen, dauert es lange, bis Ihre Hecke eine akzeptable Höhe hat. Der Kompromiss bei schmalem Geldbeutel und Ungeduld wäre also: Schnell wachsende Arten in mittleren bis größeren Qualitäten kaufen.

Ein fachgerechter Wurzelschnitt ist unverzichtbar.

Heckengehölze pflanzen

Bei wurzelnackten Pflanzen müssen Sie die Triebe um etwa die Hälfte einkürzen und verletzte und abgeknickte Wurzelstücke abschneiden. Danach setzen Sie sie bis zum Wurzelhals in einen Eimer mit Wasser und belassen sie dort mindestens 24 Stunden.
Bei Ballenpflanzen bleibt das Ballentuch zunächst noch unverändert an der Pflanze.

Ausheben des Pflanzlochs

Heben Sie das Pflanzloch mindestens 1,5 mal, besser doppelt so groß aus wie den Wurzel-/Containerballen bzw. der Wurzelstock. Danach lockern Sie den Grund mit einer Hacke noch einmal auf. Die ausgehobene Erde, besonders der Oberboden, wird mit Kompost, etwas Häckselmaterial, einer Hand voll Dünger (z. B Hornspäne oder handelsüblicher Langzeitdünger) und bei schwerem Boden auch mit Sand vermischt. Sie können auch den vorgesehenen Standort schon einige Monate vorher systematisch verbessern, die verschiedenen Methoden sind unter dem Thema Bodenbeschaffenheit weiter oben beschrieben.

Tipp

Am besten werden Gehölze bei trübem bzw. bedecktem Wetter gepflanzt, weil die Pflanzen dann weniger Wasser verdunsten. So verkraften sie den Umpflanzschock besser. Auf jeden Fall sollten Sie die frisch gepflanzten Gehölze die ersten Tage und Wochen immer großzügig wässern, bis die Wurzeln gut eingewachsen sind.

Das Einpflanzen

Bei Containergehölzen heben Sie die Pflanze vorsichtig aus dem Topf und setzen sie in das Pflanzloch. Ballen-

Das Pflanzloch muss deutlich größer sein als der Ballen.

pflanzen setzen Sie mitsamt Ballentuch in das Loch, öffnen das Tuch dann vorsichtig und ziehen es etwas herunter, damit es unter der Oberfläche bleibt. Die Wurzeln durchwachsen das schnell verrottende Tuch in kurzer Zeit. Bei wurzelnackten Pflanzen breiten Sie die Wurzeln gleichmäßig im Pflanzloch aus und achten darauf, dass sie nicht abgeknickt oder beschädigt werden. Gehölze sollten immer genau so tief gepflanzt werden wie sie vorher standen. Wenn Sie die Pflanze in der entsprechenden Höhe über das Pflanzloch halten, sehen Sie, wie viel der verbesserten Erde Sie zunächst einfüllen müssen, bevor Sie die Pflanze einsetzen. Danach füllen Sie die Hohlräume und Seiten sorgfältig mit der restlichen Erde aus. Treten Sie die Erde zwischendurch immer gut fest, damit der Anschluss an das Wurzelwerk gewährleistet ist. Danach wird sehr gründlich angegossen.

Ballenpflanzen sind gut handhabbar und wachsen rasch an.

Pflanzenbedarf pro laufendem Meter für Schnitthecken

Name	Pflanzen/lfm.	Höhe bis	Wuchsgeschwindigkeit
Feldahorn (*Acer campestre*)	3	3 m	mittel
Hainbuche (*Carpinus betulus*)	2–3	3 m	schnell
Rotbuche (*Fagus sylvatica*)	2–3	3 m	schnell
Liguster (*Ligustrum vulgare*)	3	3 m	schnell
Kirschlorbeer (*Prunus laurocerasus*)	1–2	2 m	schnell
Feuerdorn (*Pyracantha*)	2–3	2 m	mittel – schnell
Scheinzypresse (*Chamaecyparis lawsoniana*)	2–3	3 m	schnell
Eibe (*Taxus baccata*)	2–3	3 m	langsam
Lebensbaum (*Thuja occidentalis*)	2–3	3 m	mittel

Blütenhecke zweireihig im Verband gepflanzt.

Schnitthecken werden gewöhnlich einreihig gepflanzt. Dabei wird der Abstand so gewählt, dass einerseits die Hecke dicht genug wächst, andererseits aber die einzelne Pflanze noch genügend Raum zur Entwicklung und freien Entfaltung bekommt. Der Tabelle auf Seite 21 können Sie entnehmen, wie viele Pflanzen pro laufendem Meter benötigt werden. In jedem Fall ist bei der Pflanzung etwas Fingerspitzengefühl erforderlich. Setzen Sie die Pflanzen zu dicht, behindern sie sich gegenseitig in ihrer Entwicklung. Bei zu weitem Abstand kann es passieren, dass es zu lange dauert, bis sich die Lücken geschlossen haben und voller Sichtschutz gewährleistet ist.
Gemischte Blütenhecken werden häufig in mehreren Reihen auf Lücke gepflanzt, wobei die höheren Arten in den Hintergrund, die niedrigeren in den Vordergrund gesetzt werden. Auf diese Art erreicht man einen geschlossenen Wuchs, da hohe Sträucher oft im unteren Bereich nicht so dichtwüchsig sind.

Welcher Abstand ist nun richtig?

Die Gehölze in gemischten Blütenhecken werden in einem Abstand gepflanzt, der in etwa 2/3 bis 3/4 ihrer erreichbaren Wuchsbreite entspricht. Werden sie zu dicht gepflanzt, wirkt die Hecke zwar anfangs schön geschlossen, aber schon bald können sich die einzelnen Gehölze nicht mehr richtig entfalten und die Hecke wirkt ohne den ständigen Eingriff mit der Gartenschere schnell unproportioniert, da die stärkeren Arten sich zu Lasten der schwächeren ausbreiten. Als Alternative können Sie die Pflanzung zunächst mit so genannten Füllsträuchern ergänzen, die später entfernt werden, wenn die Gehölze zu dicht wachsen. In Frage dafür kommen preiswerte Arten, um die es Ihnen später nicht Leid tut. Lassen Sie sich am besten in der Baumschule beraten, welche Arten sich dazu eignen.
Eine weitere Möglichkeit wäre, für die vordere Reihe eher langsam wachsende Arten und Sorten zu verwenden, für die hintere Reihe dagegen robuste, preiswerte und schnellwüchsige. Die hintere Reihe wird dann entfernt, wenn die vordere zusammengewachsen ist.

Pflege- und Schnittmaßnahmen

Beim Einpflanzen erhalten die Heckengehölze ja bereits ihre erste Startdüngung. Danach brauchen Sie nur noch 1–2 Mal jährlich sparsam mit organischem Dünger, am besten reifem Kompost, zu düngen. Es gibt im Handel aber auch zahlreiche Fertigmischungen auf organischer Basis. Auch das Mulchen mit Rindenmulch oder gehäckseltem Gehölzschnitt hat sich bewährt. Die Feuchtigkeit wird dadurch besser im Boden gehalten und das Unkraut von Anfang an wirksam unterdrückt.
Das Mulchmaterial zersetzt sich nach 1–2 Jahren und muss daher regelmäßig erneuert werden. Bei Pflanzen, die alkalischen Boden bevorzugen wie z. B. Feldahorn oder Sommerflieder, sollten Sie mit Rindenmulch von Nadelhölzern sparsam umgehen, da dieser den pH-Wert des Bodens leicht in den sauren Bereich absenken kann. Hier empfiehlt es sich eher, gemischtes Häckselmaterial aus Zweigen, Laub- und Rasenschnitt zu verwenden. Erwünscht ist saurer Boden dagegen bei Azaleen und Rhododendren. Besonders im ersten Jahr nach der Pflanzung sollten Sie regelmäßig gießen, bis die Pflanzen wirklich gut angewachsen sind. Danach ist dies nur noch in Trockenzeiten nötig, falls Sie nicht sowieso besonders trockenheitsverträgliche Arten gepflanzt haben.

Schnitthecken

Die ersten drei Jahre nach der Pflanzung muss erst einmal die gewünschte Form aufgebaut werden. Zweimal im Jahr, am besten im Mai und im September, werden alle jungen Triebe auf die Hälfte eingekürzt, damit sie sich dicht verzweigen. Bei Koniferen reicht ein jährlicher Schnitt im Mai/Juni. Wenn die Hecke dann nach etwa drei Jahren dicht gewachsen ist, setzt der Erhaltungsschnitt ein, bei dem die erreichte Form nur noch bewahrt wird. Am besten schneiden Sie die Hecke konisch, so dass sie oben etwas schmaler ist als an der Basis, damit auch die unteren Partien immer genügend Licht erhalten.

Erziehungsschnitt in den ersten drei Jahren.

Erhaltungsschnitt danach.

Geschnittene Hainbuchenhecke im Frühling.

Falls die Hecke noch nicht die gewünschte endgültige Höhe erreicht hat, schneiden Sie nur so weit zurück, dass eben ein exaktes gerades Schnittbild entsteht. Wenn dann die angestrebte Höhe erreicht ist, entfernen Sie jeweils nur den jährlichen Zuwachs. Laubgehölze werden üblicherweise zweimal im Jahr, im Juni und im September, geschnitten; Koniferen einmal im Mai. Dies sind aber nur Richtwerte, je nachdem wie exakt geschnitten Sie Ihre Hecke haben möchten und wie starkwüchsig die Pflanzen sind.
Bei säulenförmig wachsenden Koniferen (z. B. *Chamaecyparis lawsoniana* 'Columnaris' oder *Thuja occidentalis* 'Smaragd' und 'Columna') muss in den ersten Jahren lediglich bei Bedarf die Form ein wenig korrigiert werden, am besten im Mai nach dem Neuaustrieb. Bei gleichmäßigem Wuchs der Pflanzen müssen Sie die ersten Jahre überhaupt nicht schneiden. Später schneiden Sie nur ganz wenig mit der Heckenschere, um einen möglichst dichten Wuchs zu erhalten. Hat die Hecke dann allerdings die gewünschte Höhe erreicht, kommen Sie auch hier nicht um den jährlichen Rückschnitt herum, wenn die Hecke gleichmäßig und gepflegt aussehen soll.
Bei niedrigen Einfassungen aus Lavendel sollten Sie die Pflanzen im Frühjahr auf ein Drittel kürzen, damit sie kompakt wachsen, Buchsbaum wird wie eine normale Schnitthecke behandelt; je nach gewünschter Höhe ist der Aufbauschnitt aber schon nach ein bis zwei Jahren abgeschlossen und Sie können dann mit dem Erhaltungsschnitt fortfahren. Lavendel oder auch Heiligenkraut (*Santolina*) wird im März/April einige Zentimeter in den verholzten Teil, d.h. bis auf etwa 10 cm zurückgeschnitten.

Heckenscheren und andere Werkzeuge

Für kürzere Hecken bis etwa 10 m Länge genügt eine einfache Handheckenschere, die es in verschiedenen Ausführungen im Fachhandel gibt. Am besten, Sie probieren, welches Modell Ihnen am angenehmsten in der Hand liegt. Genau wie bei Spaten gibt es verschiedene Größen, die einen unterschiedlichen Kraftaufwand bei der Handhabung erfordern. Für längere Hecken ab etwa 10 m lohnt sich die Anschaffung einer elektrischen, mit Akku betriebenen Heckenschere. Achten Sie unbedingt darauf, dass Sie ein möglichst leises Modell kaufen, um Ihre eigenen Ohren und die Ihrer Nachbarn zu schonen. Bei Hecken bis zu einer Höhe von 1,5 m kommen Sie ohne die Hilfe einer Leiter aus, bei höheren wird es nicht ohne eine solche gehen. Wählen Sie am besten eine leichte, aber stabile Standleiter aus Aluminium, die möglichst vielseitig verstellbar sein sollte.

Wie wird die Hecke gerade?

Wenn Sie sich beim Schneiden, besonders bei hohen Hecken, nur auf Ihr Augenmaß verlassen, ist das Ergebnis unter Umständen nicht so, wie Sie es sich vorgestellt haben. Greifen Sie daher ruhig zu einigen Hilfsmitteln, die Ihnen den Schnitt erleichtern. Schlagen Sie Pflöcke, die mindestens genauso hoch sein müssen wie die gewünschte Heckenhöhe, am Fuß der Hecke in den Boden und verbinden Sie diese in Schnitthöhe mit einer kräftigen Schnur. Bei langen Hecken genügt es, wenn Sie so jeweils einen Abschnitt von etwa 3 m abstecken, der dann immer „mitwandert". Auf diese Weise können Sie die Heckenschere leicht oberhalb der Schnur entlangführen und erhalten einen exakten, geraden Schnitt. Für die seitlichen Schnittarbeiten können Sie die Schnur dann auf der Höhe der fertig geschnittenen oberen Schnittfläche anlegen, und zwar an der geplanten Schnittkante. So haben Sie zumindest im oberen Bereich eine Orientierung. Der Schnitt wird von dort aus leicht schräg nach unten geführt, damit die Hecke im unteren Bereich etwas breiter wird.

Gerades Schneiden einer Hecke mit Hilfe einer Schnur.

Frei wachsende Blütenhecken

Bei frei wachsenden Hecken beschränkt sich der Schnitt im Allgemeinen auf Pflegeschnitte zur Erhaltung einer ausgewogenen Wuchsform. Auch aus diesem Grund sollten Sie die Pflanzabstände eher großzügig bemessen, auch wenn dadurch in den ersten Jahren kein geschlossener Wuchs entsteht. Beim Pflegeschnitt ist es wichtig zu beachten, wie die Sträucher wachsen.
Je nach Gehölzart fällt der Pflegeschnitt unterschiedlich aus: Wenn es sich um dicht verzweigte, buschige Arten handelt, z. B Spiersträucher (*Spiraea*), Fingerstrauch (*Potentilla*), Berberitzen (*Berberis*) oder Ranunkelstrauch (*Kerria*), können Sie die Zweige einfach komplett um 20–30% einkürzen, unter Umständen auch mehr. Diese Methode wird Rückschnitt genannt. Bei sommerblühenden Arten geschieht dies am besten im Frühling (ab März), bei frühlingsblühenden nach der Blüte. Auch Sträucher, die im Winter zurückfrieren, können im März/April stark zurückgeschnitten werden. In diese Gruppe gehören z. B. Sommerflieder (*Buddleja davidii*), Blauraute (*Perovskia*)

Eine prächtige Rhododendronhecke zur Blütezeit.

oder Bartblume (*Caryopteris*). Sie treiben nach einem solch radikalen Rückschnitt wieder kräftig aus und die Blütenbildung wird zusätzlich gefördert. Generell vertragen Gehölze, die im Spätsommer blühen, einen Rückschnitt im Frühjahr gut, da die Blüten am neu austreibenden einjährigen Holz gebildet werden.

Beispiel für einen Rückschnitt.

Die meisten höher wachsenden Sträucher sollten nur ausgelichtet werden, d. h. einzelne Triebe werden bis zum Boden herausgeschnitten, die anderen in ihrer gesamten Länge belassen. Wenn Sie solche Sträucher einfach nur von der Spitze her einkürzen, wird lediglich im oberen Bereich das Wachstum angeregt und sie werden dadurch kopflastig. In diese Kategorie fallen z. B. Felsenbirne (*Amelanchier*), Hartriegel (*Cornus alba* und *C. sanguinea*) und Falscher Jasmin (*Philadelphus*).
Auch hier gilt wieder für den Schnittzeitpunkt: Frühjahrsblüher schneiden Sie am besten im späten Frühjahr oder Frühsommer, also direkt nach der Blüte. Beim Winterschnitt würden die angelegten Blütenknospen entfernt, was zum Ausfall der Blüte führen würde. Spätblühende Sträucher werden am besten im März/April geschnitten, möglich ist aber auch ein Schnitt ab Spätherbst bis in den Winter hinein. Auslichtungsschnitte müssen Sie nur alle 2–3 Jahre durchführen, wenn die Sträucher Ihnen zu dicht erscheinen. Nach einer Neupflanzung müssen Sträucher, die nur ausgelichtet werden, die ersten 4–5 Jahre überhaupt nicht geschnitten werden. Einige langsam wachsende Arten mit malerischer Wuchsform, wie z. B. einige Ahornarten, sollten möglichst gar keinen Schnitt erhalten, eignen sich aber auch nur bedingt für Heckenpflanzungen.

Beispiel für einen Auslichtungsschnitt.

Schädlinge und Krankheiten

Auch Gehölze, die optimal gepflegt werden und an einem artgerechten Standort stehen, können von Schädlingen und Krankheiten heimgesucht werden. Oft ist der Befallsdruck nicht so hoch, dass man dagegen angehen müsste, zumal sich meist gleichzeitig die natürlichen Feinde der Schädlinge genauso stark vermehren. Manchmal ist der Befall aber doch ernsthaft und nur durch geeignete Präparate in den Griff zu bekommen.

Wühlmäuse

Schadbild: Die Pflanzen welken plötzlich, manchmal innerhalb von Stunden. Geht man der Ursache auf den Grund, kann man oft die ganze Pflanze aus der Erde ziehen, da die Wurzeln komplett abgefressen sind.
Ursache: Diese nimmersatten Nagetiere mögen Wurzeln frisch gepflanzter junger Gehölze besonders gerne. Oft schaffen sie es, eine komplette Neupflanzung in einer Nacht zu zerstören.
Bekämpfung: Setzen Sie in gefährdeten Gebieten die Wurzeln der einzelnen Sträucher in engmaschige Drahtkörbe, die oben am Wurzelhals wieder geschlossen werden. Die Wurzeln durchwachsen mit der Zeit die Körbe, die selber nach einigen Jahren verrosten. Ältere harte Wurzeln sind kaum noch gefährdet.

Blattläuse

Schadbild: Kleine schwarze oder grüne Insekten sitzen in Kolonien an Stängeln und Blättern weicher Zweigspitzen. Sie saugen den Pflanzensaft heraus, so dass sich Triebe und Blätter aufrollen und welken. Außerdem übertragen Blattläuse auch Pilzkrankheiten wie Russtau, der sich durch einen schwarzen Belag zeigt.
Ursache: Oft werden Pflanzen, auch Gehölze zu stickstoffhaltig gedüngt, wodurch die Triebe weich und anfällig werden. Manchmal ist aber auch einfach der Befallsdruck zu groß, wenn im Frühsommer besonders warmes Wetter herrscht.
Bekämpfung: Zunächst sollten Sie mit der Düngung eher zurückhaltend sein, besonders Stickstoff kann leicht überdosiert werden. Sorgen Sie dafür, dass sich die natürlichen Feinde wie Marienkäfer samt Larven und Florfliegen in Ihrem Garten wohl fühlen. Dies erreichen Sie dadurch, dass Sie keine Insektengifte verwenden und auch Pflanzenabfälle in einigen Bereichen des Gartens liegen lassen, wohin sich Insekten zur Eiablage und zum Schutz vor Feinden zurückziehen können. Falls es aber doch zu einem massiven Befall kommt, gibt es nützlingsschonende Bekämpfungsmittel zu kaufen, z. B. auf Pyrethrum-Basis. Vorbeugend können Sie mit kräftigenden Pflanzenbrühen spritzen, die es auch als Fertigpackungen im Fachhandel zu kaufen gibt.

Raupen

Schadbild: Fraßstellen an den Blättern, oft bleibt nur noch das Gerippe übrig.
Ursache: Raupen treten in manchen Jahren epidemieartig auf, in anderen ist der Befall nur gering. Vorbeugen kann man dagegen nicht.
Bekämpfung: Sie können versuchen, die Raupen abzusammeln, was bei hohen Sträuchern aber schwierig ist. Ansonsten sollten Sie durch Anbringung von Nisthilfen für Vögel dazu beitragen, dass diese

ihre Brut mit den Raupen aus Ihrem Garten füttern.

Spinnmilben

Schadbild: An der Blattunterseite können Sie gelbweiße Sprenkel und winzige, etwa 0,3 mm große Milben sehen. Die befallenen Blätter vertrocknen und fallen ab.
Ursache: Die Pflanze steht zu trocken und ist insgesamt schlecht ernährt.
Bekämpfung: Gehölze standortgerecht pflanzen und angemessen düngen. Bei geringerem Befall können Sie die betroffenen Teile entfernen und vernichten. Bei starkem Befall helfen nur Insektizide.

Thripse

Schadbild: Gelbe Flecken auf den Blättern, die sich später silbrig verfärben. Daneben finden sich kleine schwarze Punkte, die Kothäufchen der Schädlinge.
Ursache: Zu trockener Stand, oft in der Nähe einer heißen Mauer oder an Plattenbelägen.
Bekämpfung: Bei starkem Befall sollten die befallenen Teile entfernt und vernichtet werden. Danach können Sie ein zugelassenes Insektizid verwenden.

Feuerbrand

Schadbild: Die Blätter an den Triebspitzen der Gehölze welken, werden dunkelbraun und trocken. Sie bleiben in dem Zustand haften, die Triebspitzen hängen nach unten. Befallen werden insbesondere die Gattungen *Malus*, *Prunus*, *Crataegus* und *Cotoneaster*.
Ursache: Ein Bakterium, das sich ungemein schnell verbreiten kann. In weiten Teilen Süddeutschlands ist Feuerbrand sehr verbreitet und stellt vor allem eine Gefahr für die zahlreichen Obstplantagen dar. Unter Umständen können die Ämter in besonders gefährdeten Gebieten sogar die Pflanzung von Weißdornhecken, die besonders zur Ausbreitung der Krankheit beitragen, untersagen. Außerhalb der angesprochenen Gebiete stellt Feuerbrand kein Problem dar.
Bekämpfung: Eine Bekämpfung ist nicht möglich, die betroffene Pflanze muss sofort gerodet und vernichtet werden. Feuerbrandbefall ist bei der zuständigen Landwirtschaftsbehörde meldepflichtig.

Grauschimmel

Schadbild: Blütenknospen sind mit einem grauen Belag überzogen und fallen ab.
Ursache: Der Standort ist zu luftfeucht oder es herrscht eine längere Regenperiode.
Bekämpfung: Meist reicht es schon, die befallenen Knospen abzuschneiden und zu vernichten. Eventuell können Sie vorbeugende Spritzungen vornehmen.

Mehltau

Schadbild: Mehliger weißer Belag auf Triebspitzen und Blättern.
Ursache: Starker Unterschied zwischen Tag- und Nachttemperaturen, allgemein feuchtes Wetter, so dass das Laub nur unzureichend trocknet.
Bekämpfung: Die befallenen Triebe müssen entfernt werden, danach können Sie mit einem Fungizid spritzen.

Tipp

Beim Einkauf von Pflanzenschutzmitteln sollten Sie sich auf jeden Fall im Fachhandel ausführlich beraten lassen.

Pflanzvorschläge für Blütenhecken

Nachstehend finden Sie 13 Vorschläge für Blütenhecken zum Nachpflanzen oder als Anregung für Detaillösungen. Sicher ist für jeden Geschmack und für jede Gartensituation etwas dabei. Einige Vorschläge sind nicht in kleinen Gärten zu verwirklichen, Sie können die verwendeten Gehölze aber auch anders zusammenstellen, und eine verkleinerte Version entwerfen. Die einzelnen Gehölze werden im hinteren Teil des Buches, dem Porträtteil, beschrieben.

Osterei – bunt und fröhlich

In dieser Hecke sind die klassischen Frühlingsfarben vereint: Strahlendes Weiß, leuchtendes Gelb und kräftiges Rosa. Sie macht Laune auf neue Farbigkeit nach dem langen Winter. Dabei zieht sich die Blütezeit von Februar, wenn der Duftschneeball zur Hauptblüte gelangt, bis in den Juni, wenn der Ranunkelstrauch seine letzten Blüten öffnet. Später im Jahr treten die Sträucher unauffällig in den Hintergrund und machen Platz für farbenfrohe Stauden und Sommerblumen. Die vorgestellten Gehölze gedeihen auf jedem guten Gartenboden und stellen auch sonst keine größeren Pflegeansprüche.

Osterei
Verwendete Pflanzen: ① *Forsythie* (Forsythia x intermedia *'Spectabilis'*); ② *Grauer Spierstrauch* (Spiraea cinerea *'Grefsheim'*); ③ *Winterschneeball* (Viburnum x bodnantense *'Dawn'*); ④ *Blutjohannisbeere* (Ribes sanguineum *'Atrorubens'*); ⑤ *Ranunkelstrauch* (Kerria japonica *'Pleniflora'*); ⑥ *Zwerg-Blutpflaume* (Prunus x cistena).

Frühlingszauber

Verwendete Pflanzen: ① *Zierapfel* (Malus floribunda); ② *Zierapfel* (Malus *'John Downie'*); ③ *Zierapfel* (Malus *'Tina'*); ④ *Dunkelblättriger Holunder* (Sambucus nigra *'Guincho Purple'*); ⑤ *Zierquitte* (Chaenomeles *'Pink Lady'*); ⑥ *Apfelbeere* (Aronia *x* prunifolia *'Viking'*); ⑦ *Holunder* (Sambucus nigra).

Frühlingszauber

Im Mai ist die Hauptblütezeit der Zieräpfel. Einige Sorten wachsen nicht ganz so stark und sind von der Wuchsform her eher strauchförmig, daher können sie auch gut in eine Hecke integriert werden. Dieser Pflanzvorschlag ist in den Farben Weiß und Rosa gehalten und bildet den perfekten Hintergrund für Tulpen und andere Frühlingsblüher. Darüber hinaus bilden alle verwendeten Gehölze zahlreiche Früchte aus, die auch Vögeln und anderen Tieren gut schmecken.

Sommerpracht

Diese Zusammenstellung hat ihren Höhepunkt von Ende Mai bis Juli und blüht in den Farben Weiß, Gelb und Rosa. Die zurückhaltenden Blütenfarben harmonieren gut mit Stauden, die in der gleichen Zeit blühen. Etliche bekannte und bewährte Sommerblüher wurden hierbei kombiniert, aber Hartriegel und Lederstrauch bieten auch im Herbst noch Früchte und schönes Laub. Diese Hecke wächst problemlos auf jedem Gartenboden mit nicht allzu saurer Bodenreaktion.

Moonlight Serenade

Diese Hecke ist ein duftender Traum in Weiß, ergänzt durch einen Hauch von Rosa und Hellgelb. Die hellen Blüten leuchten in der Dämmerung und wecken die Sehnsucht nach lauen Sommerabenden, an denen man in Ruhe den süßen, schweren Blütenduft genießen kann. Eine wunderbare Kombination für einen „Weißen Garten". Die verwendeten Gehölze sind alle recht pflegeleicht und kommen mit den üblichen gepflegten Gartenböden zurecht.

Sommerpracht

Verwendete Pflanzen: ① *Rotrinden-Hartriegel* (Cornus alba *'Sibirica');* ② *Gefüllte Deutzie (*Deutzia scabra *'Plena');* ③ *Lederstrauch* (Ptelea trifoliata); ④ *Deutzie (*Deutzia x magnifica*);* ⑤ *Weigelie (*Weigela *'Carnaval');* ⑥ *Falscher Jasmin (*Philadelphus *'Belle Etoile');* ⑦ *Rosa Deutzie (*Deutzia *'Mont Rose');* ⑧ *Rotblättrige Weigelie (*Weigela florida *'Purpurea');* ⑨ *Japan-Spiere (*Spiraea japonica *'Anthony Waterer').*

Moonlight Serenade

Verwendete Pflanzen: ① *Falscher Jasmin (*Philadelphus *'Virginal');* ② *Weißer Flieder* (Syringa vulgaris *'Mme. Lemoine');* ③ *Duft-Schneeball (*Viburnum x juddii*);* ④ *Zierbrombeere (*Rubus x tridel *'Benenden');* ⑤ *Kleinblättriger Flieder (*Syringa microphylla *'Superba');* ⑥ *Schirm-Heckenkirsche* (Lonicera maackii); ⑦ *Koreanischer Duft-Schneeball (*Viburnum carlesii *'Aurora');* ⑧ *Hellgelber Flieder (*Syringa vulgaris *'Primrose');* ⑨ *Rosa Deutzie* (Deutzia rosea); ⑩ *Flieder* (Syringa julianae); ⑪ *Falscher Jasmin (*Philadelphus *'Manteau d'Hermine');* ⑫ *Kolkwitzie* (Kolkwitzia amabilis).

Steppenwind

Verwendete Pflanzen: ① *Perückenstrauch (*Cotinus cogyggria *'Royal Purple');* ② *Schmetterlingsflieder (*Buddleja davidii *'Black Knight');* ③ *Schmetterlingsflieder (*Buddleja davidii *'Peace');* ④ *Blauraute* (Perovskia atriplicifolia); ⑤ *Tamariske* (Tamarix odessana); ⑥ *Blasenstrauch* (Colutea arborescens); ⑦ *Blasenstrauch (*Colutea *x* media*);* ⑧ *Bartblume* (Caryopteris *x* clandonensis*);* ⑨ *Dalmatiner Goldregen* (Petteria ramentacea); ⑩ *Korolkows Heckenkirsche* (Lonicera korolkowii); ⑪ *Bleibusch* (Amorpha canescens); ⑫ *Borsten-Akazie* (Robinihispida).

Lichtblick

Verwendete Pflanzen: ① *Schaumspiere (*Holodiscus discolor *var.* ariifolius*);* ② *Tatarische Heckenkirsche (*Lonicera tatarica*);* ③ *Weißbunter Hartriegel (*Cornus alba *'Elegantissima');* ④ *Schmetterlingsflieder (*Buddleja davidii *'Harlequin');* ⑤ *Persischer Flieder (*Syringa *x* persica*);* ⑥ *Weißbunte Weigelie (*Weigela florida *'Nana Variegata');* ⑦ *Weißbunte Kornelkirsche (*Cornus mas *'Variegata');* ⑧ *Zierbrombeere (*Rubus *x* tridel *'Benenden');* ⑨ *Garteneibisch (*Hibiscus syriacus *'Hamabo');* ⑩ *Bunter Spierstrauch (*Spiraea japonica *'Shirobana').*

Steppenwind

Haben Sie eine Böschung in praller Sonne, an der es im Sommer so richtig knochentrocken wird? Dann ist dieser Vorschlag genau das Richtige für Sie. Viele Gehölze versagen an solchen Extremstandorten. Die hier gezeigten gedeihen an einem solchen Standort prächtig. Das schönste ist: Sie machen auch etwas her. Durch die Blütenfarben Blau, Gelb, Rosa, Rot und Violett wirkt diese Hecke ungemein farbenfroh.

Lichtblick

Vor dunklem Hintergrund spielen panaschierte Gehölze ihre Karten erst richtig aus. In einer Zusammenstellung mit hell blühenden Sträuchern verbreiten sie eine freundliche, heitere Atmosphäre. Bewusst wurde das Farbmuster hierbei auf Weiß-, Rosa- und zarte Lilatöne beschränkt.
Der gezeigte Vorschlag könnte beispielsweise vor einer dunklen Mauer oder einer höheren Eibenhecke gut zur Geltung kommen.

Sammlers Prachtstück

Wenn Sie Faible für außergewöhnliche und seltene Pflanzen haben, ist dies genau der richtige Vorschlag für Sie. Einige der Gehölze sind sicherlich etwas schwierig zu erhalten, die Mühe lohnt sich aber auf jeden Fall, und zumindest in großen Baumschulen sollten Sie fündig werden. Von Februar bis September blüht immer mindestens einer der Sträucher und normal durchlässiger, frischer Gartenboden sagt allen Kandidaten zu.

Sammlers Prachtstück

Verwendete Pflanzen: ① *Gold-Blasenspiere* (Physocarpus opulifolius *'Dart's Gold'*); ② *Rosa Traubenkirsche* (Prunus padus *'Colorata'*); ③ *Gelblaubige Haselnuss* (Corylus avellana *'Aurea'*); ④ *Scheinparrotie* (Parrotiopsis jaquemontaniana); ⑤ *Rote Blasenspiere* (Physocarpus opulifolius *'Diabolo'*); ⑥ *Traubenspiere* (Neillia thibetica); ⑦ *Rosa Forsythie* (Abeliophyllum distichum); ⑧ *Winter-Schneeball* (Viburnum x bodnantense *'Dawn'*); ⑨ *Strauch von Zheijang* (Heptacodium miconioides).

Vier-Jahreszeiten-Hecke

① *Kolchische Pimpernuss (*Staphylea colchica*);* ② *Kornelkirsche (*Cornus mas*);* ③ *Rotblättrige Haselnuss (*Corylus maxima *'Purpurea');* ④ *Weißer Hartriegel (*Cornus alba *'Kesselringii');* ⑤ *Hohe Blut-Berberitze (*Berberis *x* ottawensis *'Superba');* ⑥ *Stachelesche (*Zanthoxylum simulans*);* ⑦ *Hänge-Forsythie (*Forsythia suspensa*);* ⑧ *Knäuel-Berberitze (*Berberis aggregata*);* ⑨ *Glanzmispel (*Photinia *x* fraseri *'Red Robin');* ⑩ *Deutzie (*Deutzia *'Boule de Neige');* ⑪ *Koreanischer Duft-Schneeball (*Viburnum carlesii *'Aurora');* ⑫ *Grauer Spierstrauch (*Spiraea cinerea *'Grefsheim').*

Vogelparadies

Verwendete Pflanzen: ① *Blut-Hartriegel (*Cornus sanguinea*);* ② *Spitzblättriger Spindelstrauch (*Euonymus oxiphyllus*);* ③ *Eberesche (*Sorbus aucuparia *ssp.* glabrata*);* ④ *Schlehdorn (*Prunus spinosa*);* ⑤ *Wolliger Schneeball (*Viburnum lantana*);* ⑥ *Vielblütige Rose (*Rosa multiflora*);* ⑦ *Haselnuss (*Corylus avellana*);* ⑧ *Pfaffenhütchen (*Euonymus europaea*);* ⑨ *Holunder (*Sambucus nigra*);* ⑩ *Filz-Rose (*Rosa tomentosa*).*

Füllhorn

Verwendete Pflanzen: ① *Kupfer-Felsenbirne* (Amelanchier lamarckii), ② *Kornelkirsche* (Cornus mas); ③ *Schlehdorn* (Prunus spinosa); ④ *Echte Mispel* (Mespilus germanica); ⑤ *Haselnuss* (Corylus maxima *'Webb's Preisnuss'*); ⑥ *Haselnuss* (Corylus avellana *'Rotblättrige Zellernuss'*); ⑦ *Apfelbeere* (Aronia melanocarpa *'Viking'*); ⑧ *Zierquitte* (Chaenomeles *'Simonii'*); ⑨ *Brombeere* (Rubus fruticosus).

Jahreszeiten-Hecke

Dieser Vorschlag ist zu jeder Jahreszeit attraktiv. Nicht nur Blüten, sondern auch Blattfarben, Früchte, Rinden- und Herbstfärbungen tragen ihren Teil dazu bei. Diese Hecke benötigt allerdings viel Platz und ist daher nicht unbedingt für kleine Gärten geeignet.

Vogelparadies

Alle hier vorgestellten Sträucher setzen zahlreich Früchte an, die zu den Leib- und Magengerichten verschiedenster Vogelarten gehören. Die meisten verwendeten Gehölze sind einheimisch, aber auch die anderen werden von den gefiederten Gartenbewohnern gerne angenommen. Zu beachten ist, dass die Früchte der Gattung *Euonymus* für Menschen hochgiftig sind und deshalb nicht in Kinderhände gelangen dürfen.

Füllhorn

An dieser Hecke können Sie sich nicht nur satt sehen, sondern auch satt essen. Alle Früchte können Sie entweder roh verzehren oder köstliche Konfitüren und Säfte daraus herstellen. Die meisten der verwendeten Gehölze sind keine spektakulären Schönheiten, aber zumindest zur Blütezeit attraktiv genug, um in einer Blütenhecke zu bestehen. Die beiden verschiedenen Haselnüsse sind gute Fruchtsorten, außerdem bringt die Sorte 'Rotblättrige Zellernuss' durch ihr rotes Laub Farbe in die Pflanzung. Die Felsenbirne besticht durch ihre besonders prächtige Herbstfärbung, im Frühling zeigen Felsenbirne, Apfelbeere, Mispel und, besonders früh, die Kornelkirsche attraktive Blüten.

Herbstzauber

Verwendete Pflanzen: ① ***Weißer Hartriegel*** (Cornus alba *'Kesselringii'*); ② ***Felsenbirne*** (Amelanchier ovalis); ③ ***Pfaffenhütchen*** (Euonymus europaea *'Red Cascade'*); ④ ***Blut-Hartriegel*** (Cornus sanguinea); ⑤ ***Warzen-Berberitze*** (Berberis verrucosa); ⑥ ***Sargents Schneeball*** (Viburnum sargentii); ⑦ ***Feuer-Ahorn*** (Acer ginnala); ⑧ ***Wilsons Berberitze*** (Berberis wilsoniae *var.* subcaulialata); ⑨ ***Feuerdorn*** (Pyracantha *'Golden Charmer'*); ⑩ ***Flügel-Spindelstrauch*** (Euonymus alatus); ⑪ ***Liebesperlenstrauch*** (Callicarpa bodinieri *var.* giraldii); ⑫ ***Kranzspiere*** (Stephanandra tanakae).

Herbstzauber

Diese Hecke trumpft im Herbst so richtig auf: Glühende Herbstfärbung und leuchtende Beeren sind ihre Stärke. Dieses „Flammenmeer“ benötigt allerdings vor allem in der Tiefe genügend Platz und ist für kleine Gärten etwas überdimensioniert. Sie können aber auch einzelne Gehölze davon auswählen und zu einer kleineren Hecke zusammenstellen. Alle verwendeten Gehölze wachsen problemlos auf normalem, nicht zu trockenem Gartenboden, bei stark alkalischem Boden sollte die Kranzspiere (*Stephanandra*) am besten durch ein zweites Exemplar des Hartriegels, beispielsweise *Cornus alba* 'Sibirica' ersetzt werden. Achtung: Die Früchte der Pfaffenhütchen (*Euonymus*) sind stark giftig und sollten auf keinen Fall in Kinderhände gelangen.

Dornröschen-Hecke

Hier ist er, der Traum in Rosa: Verschwenderisch blühende Heckenrosen verzaubern mit ihrem romantischen Flair. Die meisten von ihnen blühen nur im Sommer, dafür aber überreich und haben eine viel anmutigere Wuchsform als die meisten modernen Strauchrosen. Zusätzlich betören sie durch ihren süßen Duft.

Schwanensee-Hecke

Dies ist das weißgelbe Pendant zum vorigen Vorschlag, ebenso romantisch, aber frischer wirkend. Auch hier

Dornröschen Hecke

***Verwendete Pflanzen:** ① Rose 'Maiden's Blush'; ② Rose 'Glory of Edzell'; ③ Rose 'Marguerite Hilling'; ④ Rose 'Lady Penzance', ⑤ Rose 'Complicata'; ⑥ Rose 'Frühlingsmorgen'; ⑦ Rose 'Königin von Dänemark'.*

werden überwiegend einmal blühende Sorten verwendet, die im Hochsommer durch ihre verschwenderische Blütenfülle begeistern. Die Sorten 'Nevada' und 'Prosperity' bringen aber auch später noch einige Nachblüten. Die beiden gelb blühenden Sorten 'Helen Knight' und 'Canary Bird' bringen nur kleine, aber unglaublich zahlreiche Blüten hervor, zudem blühen sie schon ab Ende Mai. Ebenfalls ab Mai blüht 'Maigold' mit großen schalenförmigen Blüten in zartem Hellgelb. Auch hierbei erscheinen einige Nachblüten noch im Spätsommer.

Schwanensee-Hecke

***Verwendete Pflanzen:** ① Rose 'Souvenir de St. Anne's'; ② Rose 'Helen Knight'; ③ Rose 'Maigold'; ④ Rose 'Canary Bird', ⑤ Rose 'Nevada'; ⑥ Rose 'Dupontii'; ⑦ Rose 'Prosperity'.*

Blütenhecken aus nur einer einzigen Art

Einen Sonderfall stellen uniforme Blütenhecken dar. Hierbei werden Blütensträucher in eine Reihe gepflanzt, aber nicht wie Schnitthecken in Form geschnitten. Beliebte Beispiele sind Spireen- und Rhododendronhecken, die zur Blütezeit eine ausgesprochen spektakuläre Wirkung haben können. Ebenso werden häufig Fingersträucher (*Potentilla fruticosa*) zu diesem Zweck verwendet, sie haben den Vorteil einer mäßigen Höhe und einer langen Blütezeit.

Blühende Hecken erfreuen Mensch und Tier.

Lebender Zaun aus Weidengeflecht.

Lebende Zäune aus Weiden

Wieder stark in Mode gekommen sind Flechtzäune aus Weidenruten und ganz allgemein Weidenzäune. Dazu werden die biegsamen Ruten lediglich senkrecht nebeneinander in den Boden gesteckt und gut angegossen. Danach können sie beliebig verflochten werden. Sie wachsen nach kurzer Zeit an, was man daran erkennt, dass sich Blätter bilden. Später können Sie den Zaun regelmäßig zurückschneiden. Auf diese Weise lassen sich auch kleine Lauben und Spielzelte für Kinder herstellen.

Mit asiatischem Flair – Die grüne Wand aus Bambus

Bambus, den grazilen Riesen unter den Gräsern, können Sie hervorragend als grünen Sichtschutz verwenden. Am besten lassen Sie ihn frei wachsen, wobei er je nach Art und Sorte straff aufrecht oder leicht überhängend wächst Bei der Auswahl der für Ihren Garten geeigneten Arten sollten Sie sich unbedingt in einer guten Baumschule oder Gärtnerei beraten lassen, denn hinsichtlich der Wuchshöhe, Ausbreitungskraft und Winterhärte gibt es erhebliche Unterschiede.

Porträts – Die schönsten Heckenpflanzen

Gehölze für Formhecken

Feldahorn

(Acer campestre)

Wuchs: Kleiner Baum, oft auch mehrstämmig wachsend, kann eine Höhe von ca. 15 m und eine Breite von 10 m erreichen. Er ist sehr schnittverträglich und eignet sich daher bestens auch für streng geschnittene Hecken.
Laub: Handförmig gelappt, mittelgrün, sommergrün.
Blüten/Früchte: Zeitgleich mit dem Laubaustrieb erscheinen grüngelbe Blüten in Büscheln, die relativ unscheinbar sind. Im Spätsommer bilden sich die ahorntypischen Flügelfrüchte, auch als „Nasenklemmer" bekannt.
Standort: Vollsonnig bis lichtschattig.
Eigenschaften: Der Feldahorn ist ein sehr anspruchsloses Gehölz, er ist sehr frosthart, verträgt auch Hitze und zeitweilige Trockenheit. Ahorn toleriert fast alle Bodenverhältnisse, ist kalkliebend und nur gegen Staunässe empfindlich. Die Pflanzen stehen im Frühjahr relativ zeitig im Saft, daher sollte der Rückschnitt so früh wie möglich erfolgen.

Buchsbaum

(Buxus sempervirens)

Wuchs: Hoher, dichter Strauch oder kleiner unregelmäßiger Baum, bis 5 m hoch.
Laub: Dunkelgrün, glänzend, eiförmig; immergrün.
Blüten/Früchte: Unscheinbare Blüten, hellgrün in Büscheln. Braune Kapselfrüchte im Herbst.
Standort: Sonnig bis schattig.
Eigenschaften: Anpassungsfähiges Gehölz; alle Böden außer stark sauren werden toleriert. Alle Teile sind stark giftig. Buchsbaum eignet sich hervorragend für Hecken an schattigen Standorten. Er lässt sich in jede Form schneiden, beliebt sind Kugel- und Kegelformen sowie Fantasiegestalten bis hin zu Tieren.
Sorten: 'Blauer Heinz': In den Gartenanlagen von Hannover-Herrenhausen entstanden. Die Sorte zeichnet sich durch einen gedrungenen, dichten Wuchs aus, außerdem ist sie eher frosthart. Die einzelnen Triebe sind nach oben gerichtet. Das Laub ist im Austrieb blaugrün und ergibt einen schönen Kontrast zu den älteren glänzend grünen Blättern. Durch den langsamen Wuchs ist diese Sorte gut geeignet für niedrige

Ein Klassiker für niedrige Einfassungshecken ist der Buchsbaum.

Einfassungen und wird in Bauerngärten gerne verwendet; 'Suffruticosa': Langsam und dicht wachsende Sorte für Einfassungen in Bauern- und Barockgärten. Nicht so frosthart wie 'Blauer Heinz'.

Hainbuche

(Carpinus betulus)

Wuchs: Die Hainbuche ist ein mittelgroßer Baum mit hochgewölbter Krone und kann im Alter 25 m hoch und 15 m breit werden. Voraussetzung für diese Entwicklung ist allerdings ein freier Stand. Auf Grund der guten Schnittverträglichkeit ist die Hainbuche vorzüglich für geschnittene Hecken geeignet.
Laub: Eiförmig, frischgrün, mit ausgeprägten Blattrippen; sommergrün.
Blüten/Früchte: Zeitgleich mit dem Laubaustrieb erscheinen hängende Kätzchenblüten, im Herbst kleine Nüsschen in dreilappigen Hochblättern.
Standort: Sonnig bis schattig.
Eigenschaften: Die Hainbuche ist insgesamt anspruchslos, frosthart und windfest. Sie kommt mit fast jedem Boden zurecht, nur gegen längere Trockenheit auf leichten, nährstoffarmen Böden ist sie empfindlich.
Als Hecke gezogen, behält sie das alte Laub bis zum neuen Laubaustrieb, daher bietet sie auch im Winter einen guten Sichtschutz.

Rotbuche

(Fagus sylvatica)

Wuchs: Breitkroniger, mächtiger Baum, bei Alleinstand bis 30 m hoch und 25 bis 30 m breit wachsend. Die Buche lässt sich sehr gut als geschnittene Hecke ziehen.
Laub: Spitz eiförmig, dunkelgrün; sommergrün.
Blüten/Früchte: Büschel grüner männlicher Blüten, weibliche Blüten zweiblütig, unauffällig, im Mai. Im Herbst erscheinen die typischen Bucheckern. Erst im Alter von ca. 20 Jahren einsetzend.
Standort: Sonnig bis schattig, sehr hohe Schattenverträglichkeit.
Eigenschaften: Die Rotbuche ist insgesamt robust und anspruchslos, bevorzugt aber warme lehmige Böden mit hohem Kalkgehalt. Auf stark sauren und verdichteten Böden versagt sie. An exponierten Standorten etwas spätfrostgefährdet. Schnitthecken behalten ihr altes Laub bis zum neuen Austrieb, daher ist im Winter ein guter Sichtschutz gewährleistet.

Liguster

(Ligustrum vulgare)

Wuchs: Locker aufrecht wachsender Strauch, Höhe und Breite ca. 5 m, häufig Ausläufer bildend.
Laub: Lanzettlich, dunkelgrün; teilweise wintergrün.
Blüten: Cremeweiße duftende Rispen; Juni bis Juli, werden stark von Insekten besucht.
Früchte: Im Herbst schwarze kugelige Beeren. Diese werden gerne von Vögeln gefressen, sind allerdings schwach giftig.
Standort: Sonnig bis schattig.
Eigenschaften: Sehr anpassungsfähiger Strauch, wächst sowohl auf feuchten wie trockenen Böden zufriedenstellend. Stadtklima- und hitzeverträglich, frosthart, bodenbefestigend durch seinen dichten Wurzelfilz. Der Liguster kann sowohl in der frei wachsenden Hecke wie auch als Schnitthecke verwendet werden.
Sorten: *L. vulgare* 'Atrovirens' zeichnet sich durch einen dichten, kompakten und aufrechten Wuchs aus, der sie besonders zur Heckenpflanze prädestiniert. Außerdem hat sie zuverlässig wintergrünes Laub, das sich bei Kälte dunkel verfärbt. Erst im Frühling, wenn das neue

Laub austreibt, verliert sie die alten Blätter. Weitere Vorteile sind hohe Schattenverträglichkeit und die Eigenschaft, sich gegen Wurzeldruck anderer Gehölze behaupten zu können.

Feuerdorn ist dekorativ und robust. Hier die Sorte **'Red Column'.**

Kirschlorbeer
(Prunus laurocerasus)

Wuchs: Aufrecht bis kegelförmig oder flach ausgebreitet, je nach Sorte.
Größe: 1 bis 3 m hoch und 1 bis 3 m breit.
Laub: Elliptisch bis eiförmig, dunkelgrün glänzend; immergrün.
Blüten: Cremeweiß, in langen aufrechten Kerzen; die Blüten erscheinen im Mai.
Früchte: Schwarz, in Trauben, giftig.
Standort: Sonnig, halbschattig, schattig.
Eigenschaften: Ausreichend frosthart, für alle nicht zu trockenen, möglichst humosen Böden geeignet, insgesamt robust.
Für die Verwendung als Schnitthecken sind folgende Sorten geeignet: 'Herbergii': Bis 3 m hoch, langsam wachsend, kegelförmige Wuchsform. 'Schipkaensis Macrophylla': Besonders schmalblättrig, Wuchs breit aufrecht, bis 3,5 m hoch. 'Van Nes': Besonders winterhart, Wuchs breit aufrecht, bis 3 m hoch.

Feuerdorn
(*Pyracantha*-Hybriden)

Wuchs: Sparrig-aufrecht, auch dichtbuschig, die Zweige sind bedornt. Höhe je nach Sorte 1,5 bis 3 m.
Laub: Schmal eiförmig, dunkelgrün; in normalen Wintern wintergrün.
Blüten: Cremeweiße Blüten in flachen Rispen; Mai bis Juni.
Früchte: Beeren in Gelb-, Orange- und Rottönen. Die Früchte werden sehr gerne von Vögeln verzehrt.
Standort: Sonnig bis halbschattig.
Eigenschaften/Verwendung: Anpassungsfähig, robust und bodentolerant, für alle einigermaßen nährstoffreichen und nicht zu sauren Böden geeignet. Der Feuerdorn friert als junge Pflanze in strengen Wintern manchmal zurück, ist aber insgesamt ausreichend frosthart. In kalten, trockenen Wintern kann es zu Laubverlust kommen. Dafür erträgt er Hitze- und Trockenperioden im Sommer und ist industrie- und stadtklimaverträglich. Üblicherweise wird Feuerdorn als Einzelstrauch oder in frei wachsenden Hecken verwendet, er kann aber auch gut als streng geschnittene Formhecke gezogen werden. Der Blüten- und Fruchtansatz ist dann zwar geringer, trotzdem ist eine solche Hecke sehr wirkungsvoll.
Sorten: *P.* 'Kasan': Breitbuschig, sehr frosthart, Beeren leuchtend rot. Höhe 2 bis 3 m; *P.* 'Mohave': Breitwüchsige Sorte mit orangeroten Beeren, starker Fruchansatz. Schorfresistent, aber in ungünstigen Lagen nicht völlig frosthart. Höhe 3 m; *P.* 'Orange Charmer': Breitbuschig, schorfresistent, mit reichem Fruchtansatz; Beeren orange. Höhe 2 bis 3 m; *P.* 'Orange Glow': Etwas

schmaler und lockerer wachsend, schorfresistent, mit reichem Fruchtansatz; Beeren orangerot. Höhe 2 bis 3 m; *P.* 'Soleil d'Or': Breitbuschig, schorfresistent, besonders frosthart; Beeren gelb. Höhe 1 bis 1,5 m.

Scheinzypresse
(Chamaecyparus lawsoniana)

Wuchs: Säulenförmiger bis kegelförmiger Baum; je nach Sorte bis zu 15 m hoch werdend.
Nadeln: Schuppenartig, eng am Zweig anliegend, immergrün.
Blüten/Früchte: Rötliche Blüten an den Zweigspitzen, später kleine kugelige Zapfen, die nicht größer als 1 cm werden. Die darin enthaltenen Samen werden sehr gerne von heimischen Vogelarten gefressen.
Standort: Sonnig bis absonnig, nicht für absolute Schattenlagen geeignet.
Eigenschaften: Scharfe Winterwinde an einem vollsonnigen, ungeschützten Standort können zu Trockenschäden führen. Bevorzugt nährstoffreichen, nicht zu trockenen Boden, kalkvertragend. Es gibt zahlreiche Sorten mit unterschiedlichen Nadelfärbungen, die sich gut für Heckenpflanzungen eignen. Alle Sorten sind sehr schnittverträglich.
Ausgewählte Sorten: *C. lawsoniana* 'Alumii': Blaugrau bereifte Nadeln, in Einzelstellung 10 bis 15 m hoch werdend; *C. lawsoniana* 'Alumigold': Mutation von 'Alumii', Nadeln im Austrieb leuchtend gelb, später grüngelb. 6 bis 10 m hoch wachsend; *C. lawsoniana* 'Columnaris': Sehr schmal und straff aufrecht wachsende Sorte mit stahlblauen bis grünblauen Nadeln. Beliebte und häufig verwendete Heckenpflanze mit besonders guter Frosthärte. 6 bis 10 m hoch wachsend; *C. lawsoniana* 'Elwoodii': Kompakte Säulenform mit blauen, fedrigen Nadeln. 2 bis 4 m hoch wachsend, daher auch für niedrigere Hecken und kleine Gärten geeignet; *C. lawsoniana* 'Lane': Schlank aufrecht, aber locker wachsende Sorte mit gelben, unterseits gelbgrünen Nadeln.

Fichte
(Picea abies)

Wuchs: Großer Baum, im Alter bis 50 m hoch wachsend. Gerade, mit durchgehendem Stamm und qirlig angeordneten Ästen.
Nadeln: Dunkelgrün, stechend, immergrün.
Blüten/Früchte: Rötlich, männliche Blüten mit gelbem Blütenstaub. Lange hängende Zapfen.
Standort: Sonnig bis halbschattig.
Eigenschaften: Bevorzugt tiefgründige, frische bis feuchte Böden. Luftttrockenheit und Hitze werden schlecht vertragen, da die Fichte eigentlich eine Gebirgspflanze ist. Die Fichte kann eine preiswerte und schnell wachsende Alternative zu anderen Nadelgehölzen sein, wenn die Standortanforderungen berücksichtigt werden. Sie muss als Hecke allerdings regelmäßig geschnitten werden, denn radikalen Rückschnitt nach einigen „vergessenen" Jahren verträgt sie nicht. Häufig ist zu sehen, dass Fichtenpflanzungen einfach gekappt werden, wenn die Bäume zu hoch gewachsen sind, dies führt immer zu einem disharmonischen Ergebnis.

Eibe
(Taxus baccata)

Wuchs: Kleiner bis mittlerer Baum mit unregelmäßiger Krone, im Alter 10 bis 15 m hoch werdend, aber langsam wachsend.
Nadeln: Dunkelgrün, weich, immergrün.

Ideal für niedrige Hecke: die Eibe.

der pflegen die hohe Kunst der „Topiary Gardens", bei der Eiben zu kunstvollen Figuren geschnitten werden. Außerdem werden Eiben gerne zur Untergliederung von Gartenräumen verwendet.
Sorten: *T. baccata* 'Semperaurea': Breit aufrechte, dichtbuschige Sorte, langsam wachsend, 3 bis 4 m hoch. Diese Sorte eignet sich für niedrige Hecken. Besonders attraktiv durch das leuchtend gelbgrüne Nadelkleid.

Blüten/Früchte: Gelbe männliche Blüten im Frühling an den Seitenzweigen, weibliche unscheinbar. Samen in roten fleischigen Ummantelungen, so genannten Arillen, ähnlich wie Beeren.
Standort: Sonnig bis schattig.
Eigenschaften: Die Eibe ist das klassische Gehölz für immergrüne, streng geschnitten Hecken schlechthin. Sie bevorzugt frischen, nährstoffreichen, aber durchlässigen Boden, kommt aber mit Ausnahme stark saurer Böden mit allen zurecht. Sie ist frosthart, nur in ungünstigen Lagen etwas spätfrostgefährdet. Die ganze Pflanze, bis auf den fleischigen roten Samenmantel, enthält das stark wirkende Gift Taxin. Die darin enthaltenen Samen sind allerdings hochgiftig, so dass die „Beeren" auf keinen Fall verschluckt werden dürfen. Bei streng geschnittenen Hecken wird der Fruchtansatz unterbunden. Besonders die Englän-

Tipp

Dunkle Eibenhecken eignen sich hervorragend, um schwachwüchsige Kletterpflanzen durch sie hindurchklettern zu lassen. Hervorragend passen hellblütige, klein bleibende Clematis oder die Kapuzinerkresse *Tropaeolum peregrinum*.

Abendländischer Lebensbaum

(Thuja occidentalis)

Wuchs: Mittelhoher, kegelförmig wachsender Baum, im Alter 15 bis 20 m hoch.
Nadeln: Schuppenförmig, dachziegelartig angeordnet, immergrün. Rötlich braune Verfärbung im Winter.
Standort: Sonnig bis absonnig.
Eigenschaften: Der Lebensbaum ist ein äußerst anpassungsfähiges Gehölz, lediglich sehr trockene Böden werden schlecht vertragen. Er ist frosthart, stadtklimafest und gedeiht auch in windexponierten Lagen. Er verträgt einen radikalen Rückschnitt und regeneriert sich in kürzester

Zeit. Hecken aus Lebensbäumen gehören zu den beliebtesten Sichtschutzmaßnahmen; der massive Einsatz besonders in Neubaugebieten wird oft kritisiert, da leicht monotone Straßenfronten entstehen. Andererseits ermöglicht es den Gartenbesitzern, schnell und preiswert eine Privatsphäre im Garten herzustellen.
Sorten: *T. occidentalis* 'Brabant': Diese Sorte ist inzwischen zum Standardheckengehölz avanciert und wird in riesigen Stückzahlen vermehrt und verkauft. Sie zeichnet sich durch eine gleichmäßige Säulenform aus und behält auch im Winter ihre frischgrüne Farbe. Im freien Stand wird sie 15 bis 20 m hoch, kann aber als Hecke in gewünschter Höhe geschnitten werden; *T. occidentalis* 'Smaragd': Auch diese Sorte eignet sich hervorragend für Hecken; sie wird nicht höher als 4 bis 6 m und wächst sehr gleichmäßig kegelförmig. Die Benadelung ist leuchtend dunkelgrün, die Farbe bleibt auch im Winter erhalten. Außerdem ist *Thuja occidentalis* 'Smaragd' sehr frosthart und verträgt auch das innerstädtische Klima bestens.

Gehölze für frei wachsende Blütenhecken

Feuer-Ahorn

(*Acer ginnala* syn. *Acer tataricum* ssp. *ginnala*)

Wuchs: Breit ausladender Großstrauch oder mehrstämmiger kleiner Baum.
Größe: 5 bis 7 m hoch, 4 bis 8 m breit.
Laub: Dreilappig, Lappung oft nur angedeutet; sommergrün, mit prächtiger leuchtend roter Herbstfärbung, die früh einsetzt.
Blüten: Grüngelbe kurze Rispen; Mai.
Früchte: Fruchtflügel („Nasenklemmer") mit waagerecht abstehenden Flügeln.
Standort: Sonnig bis halbschattig.

Die Kupfer-Felsenbirne im Frühjahr ...

... und im Herbst.

Eigenschaften: Robuster frostharter Strauch, der nur auf staunassen Böden versagt. Bei hohem Kalkgehalt fällt die Herbstfärbung nicht so schön aus. Durch den malerischen Wuchs als Solitärgehölz gut geeignet, bewährt sich aber auch in der gemischten Hecke, sofern man ihm genug Platz lässt.

Kupfer-Felsenbirne

(*Amelanchier lamarckii*)

Wuchs: Locker aufrechter, mehrstämmiger Strauch; im Alter auch breit wachsend.
Größe: 4 bis 6 m hoch, 4 bis 7 m breit.
Laub: Elliptisch, im Austrieb rotbraun; prächtige Herbstfärbung in allen Orange- und Rottönen; sommergrün.
Blüten: Kleine weiße, zahlreich erscheinende Sternchenblüten in aufrechten Trauben; April.

Früchte: Schwarze bereifte Beeren, die sehr gerne von Vögeln verzehrt werden.
Standort: Sonnig bis halbschattig.
Eigenschaften: Frost- und windfest, Stadtklima vertragend; toleriert sowohl zeitweilige Trockenheit als auch Nässe. Fügt sich bestens in gemischte Blütenhecken ein und ist durch die schöne Herbstfärbung besonders wertvoll.

Ein prächtiger Strauch für geschützte Lagen: der Bleibusch.

Bleibusch

(Amorpha canescens)

Wuchs: Dichtwüchsiger niedriger Halbstrauch.
Größe: 1 m hoch, 1,5 m breit.
Laub: Graugrünes gefiedertes Laub; sommergrün.
Blüten: Violette kleine Schmetterlingsblüten in langen Kerzentrauben; Mai bis Juni.
Standort: Sonnig
Eigenschaften: Geeignet für alle eher trockenen, auch nährstoffarmen Böden. Benötigt einen möglichst warmen, geschützten Standort, kann zurückfrieren, treibt aber zuverlässig wieder aus.

Die Apfelbeere bietet auch etwas für Naschkatzen.

Apfelbeere

(*Aronia melanocarpa* und *A. x prunifolia*)

Wuchs: Kleiner Strauch mit zunächst straff aufrecht, später auch lockerer wachsenden Trieben, Ausläufer bildend.
Größe: 1 bis 1,5 m hoch und bis 2 m breit.
Laub: Elliptisch mit gesägtem Rand, glänzend, sommergrün.
Blüten: Kleine weiße Blüten in flachen Schirmrispen; Mai.
Früchte: Schwarze Beeren, essbar.
Standort: Sonnig bis halbschattig.
Eigenschaften: Robust, frosthart, windfest, salzverträglich. Bevorzugt eher frische Böden, kommt aber auch mit zeitweiser Trockenheit zurecht. Kann sehr gut im vorderen Bereich von Heckenpflanzungen verwendet werden. Die Sorten *A. x prunifolia* 'Viking', 'Karhumäki' und 'Serina' bilden besonders große, wohlschmeckende Beeren aus.

Knäuel-Berberitze

(Berberis aggregata)

Wuchs: Buschig mit überhängenden Zweigen.
Größe: 1,5 m hoch und ebenso breit.

Berberis aggregata *mit schönem Fruchtschmuck.*

Laub: Länglich oval, frischgrün; sommergrün, Herbstfärbung rot.
Blüten: Hellgelb, in dichten Trauben; Mai bis Juni.
Früchte: Rot mit weißer Bereifung, länglich.
Standort: Sonnig.
Eigenschaften: Frosthart, robust, gedeiht am besten auf durchlässigen, aber nicht zu trockenen Böden. Ein Strauch mit besonders schönem Herbstaspekt.

Hohe Blut-Berberitze

(*Berberis* x *ottawensis* 'Superba')

Wuchs: Locker aufrecht mit überhängenden Zweigen.
Größe: 3 bis 4 m hoch und ebenso breit.
Laub: Spatelförmig, blaurot; sommergrün, Herbstfärbung orange.
Blüten: Gelb mit roter Mitte, in Trauben; Mai.
Früchte: Rot, länglich, lange an den Zweigen haftend.
Standort: Sonnig bis halbschattig.
Eigenschaften: Robust, frosthart, gedeiht auf nahezu allen Böden. Kann gut als Hintergrund für kleinere helle Gehölze verwendet werden.

Warzen-Berberitze

(Berberis verruculosa)

Wuchs: Breitkugelig, sehr dicht und kompakt
Größe: 1 bis 2 m hoch und bis 2 m breit.
Laub: Eiförmig, dunkelgrün glänzend; immergrün.
Blüten: Sattgelbe große Einzelblüten an den Zweigen aufgereiht; Mai bis Juni.
Früchte: Länglich, blauschwarz bereift.
Standort: Sonnig bis schattig.
Eigenschaften: Robust und sehr bodentolerant, meidet nur sehr saure Böden; frosthart und zeitweise Trockenheit vertragend. Guter immergrüner Strukturbildner in gemischten Hecken.

Sommerflieder, Schmetterlingsflieder

(Buddleja davidii)

Wuchs: Trichterförmig mit überhängenden Zweigen.
Größe: 2 bis 4 m hoch und 2 bis 3 m breit.
Laub: Lanzettlich, graugrün mir filziger Unterseite; sommergrün, in milden Wintern auch wintergrün.
Blüten: Bogige lange Rispen, je nach Sorte weiß, violett oder rosa; blüht am einjährigen Holz.; Juli bis Oktober.
Standort: Sonnig
Eigenschaften: Prächtig blühender Strauch für alle durchlässigen, nicht zu sauren Böden, kalkliebend. Unempfindlich gegen Trockenheit und Hitze, friert in kalten Wintern oft stark zurück, treibt aber zuverlässig wieder aus. Jährlicher starker Rückschnitt fördert eine reiche Blüte, erhält den harmonischen Wuchs und hält das Höhenwachstum in Grenzen.

Ausgewählte Sorten: 'Black Knight': Besonders lange Rispen in sehr dunkler, schwarzvioletter Farbe; 'Cardinal': Blütenrispen dunkel purpurrot, bis 30 cm lang; 'Fascinating': Sehr lange, purpurrosa Blütenrispen; 'Harlequin': Lilarosa blühende Sorte mit weißrandigem Laub; 'Nanho Blue': Stumpfkegelige Blütenrispen, deren Farbe man fast schon als blau bezeichnen kann; 'Peace': Reich blühende weiße Sorten mit sehr kompakten Blütenrispen; 'Pink Delight': Besonders große und dicke Blütenrispen in reinem Rosa.

Liebesperlenstrauch

(*Callicarpa bodinieri* var. *giraldii*)

Wuchs: Locker aufrecht, sparrig verzweigt.
Größe: 2 bis 3 m hoch und etwa 2 m breit.
Laub: Elliptisch, graugrün; sommergrün, Herbstfärbung gelb.
Blüten: Violett, an den Blattansätzen sitzend; Juli bis August.
Früchte: Kleine violette Beeren, nach dem Laubfall noch lange haftend.
Standort: Sonnig.
Eigenschaften: Geeignet für alle durchlässigen, kalkarmen Böden, wächst am besten an geschützten Plätzen. Im Herbst besonders attraktiv durch den auffälligen Fruchtschmuck.

Der Liebesperlenstrauch setzt im Herbst Akzente im Garten.

Bartblume

(*Caryopteris* x *clandonensis*)

Wuchs: Dichtwüchsig, buschig mit aufrechten Trieben.
Größe: Bis 1 m hoch und ebenso breit.

Die Bartblume ist frostempfindlich, lohnt aber.

Laub: Lanzettlich, dunkelgrün, unterseits graugrün.
Blüten: Violettblau, in Büscheln an den Zweigenden; August bis Oktober.
Standort: Sonnig.
Eigenschaften: Für alle durchlässigen Böden geeignet, kalkliebend; wertvoll durch die späte Blütezeit. Friert in strengen Wintern oft zurück, treibt aber immer wieder durch. Blüht am einjährigen Holz und sollte im Frühjahr stark zurückgeschnitten werden.

Zierquitte

(*Chaenomeles*
in Arten und Sorten)

Zierquitte **'Falconet Charlot'**, *eine schöne weiß blühende Sorte.*

Wuchs: Sparrig verzweigt, dichttriebig mit Dornen.
Größe: Je nach Sorte 1 bis 2 m hoch und 1 bis 3 m breit.
Laub: Eiförmig, dunkelgrün und leicht glänzend; sommergrün.
Blüten: Schalenförmig, je nach Sorte weiß, rosa oder rot; März bis April.
Früchte: Flachkugelig, gelb, nach Quitten duftend. Die Früchte sind essbar und können zu Konfitüre verarbeitet werden. Wenn sie nach Frosteinwirkung weich geworden sind, werden sie auch gerne von Vögeln gefressen.
Standort: Sonnig bis halbschattig.
Eigenschaften: Farbenprächtiger Frühjahrsblüher für frische, durchlässige Böden, die sauer bis neutral sein sollten. Bei zu hohem Kalkgehalt Neigung zu Chlorose, d. h. das Laub wird gelb und kränklich.
Arten und Sorten: *C. japonica*: Höhe bis 2 m, Blüten leuchtend rot; *C. japonica* 'Cido': Höhe bis 1,5 m, Blüten rot, besonders große vitaminreiche Früchte; *C. speciosa* 'Nivalis': Höhe bis 2 m, Blüten reinweiß; *C. speciosa* 'Simonii': Höhe bis 1,5 m, Blüten lachsrosa; *C.* x *superba* 'Crimson and Gold': Höhe bis 1,2 m, Blüten dunkelrot mit auffallenden gelben Staubgefäßen; *C.* x *superba* 'Falconet Charlot': Höhe bis 1,5 m, Blüten rahmweiß; *C.* x *superba* 'Hollandia': Höhe bis 1,5 m, Blüten lachsrot; *C.* x *superba* 'Pink Lady': Höhe bis 1,5 m, Blüten dunkelrosa.

Quitten sind eine Delikatesse.

Blasenstrauch

(Colutea arborescens)

Wuchs: Dichtbuschig aufrecht, Seitenzweige im Alter leicht überhängend.
Größe: 2 bis 3 m hoch und ebenso breit.

Laub: Frischgrün, unpaarig gefiedert; sommergrün.
Blüten: Leuchted gelbe Schmetterlingsblüten in kurzen Trauben; Mai bis Oktober.
Früchte: Blasige, knisternde Hülsen mit schwarzen Samen; giftig!
Standort: Sonnig.
Eigenschaften: Trockenheitsverträglich, frosthart, hitzefest; für alle leichten, durchlässigen Böden. Wertvolles Gehölz für schwierige trockene Standorte. Lange Blütezeit.
Mit *C.* x *media* steht eine weitere Art zur Verfügung, die kleiner bleibt (1,5 m) und orangefarbene Blüten besitzt, ansonsten wie *C. arborescens* zu verwenden ist.

Der Blasenstrauch gedeiht auch auf schwierigen Standorten.

Weißer Hartriegel, Tatarischer Hartriegel
(Cornus alba)

Wuchs: Breit aufrecht, im Alter mit überhängenden Zweigen, Ausläufer bildend.
Größe: 3 bis 4 m hoch und 3 bis 5 m breit.
Laub: Spitz eiförmig, frischgrün; sommergrün, Herbstfärbung orange.
Blüten: Cremeweiß in flachen Dolden; Mai.
Früchte: Weiße Beeren.
Standort: Sonnig bis halbschattig.
Eigenschaften: Anspruchsloser, frostharter Strauch; für alle nicht zu trockenen Böden. Sollte regelmäßig vom Boden her ausgelichtet werden, da die jungen Triebe ein schönes Rotbraun zeigen. Bringt Farbe in den Winteraspekt gemischter Hecken.
Sorten: 'Elegantissima': Laub mit cremeweißem Rand, sehr elegant, wie der Name schon sagt; 'Kesselringii': Dunkle Rinde, braunroter Laubaustrieb; 'Sibirica': Besonders ausgeprägte rote Rindenfärbung; 'Spaethii': Sorte mit attraktivem, gelb panaschiertem Laub.

Kornelkirsche
(Cornus mas)

Wuchs: Hoher Strauch mit meist mehreren Grundtrieben, sparrig verzweigt. Anfangs langsamwüchsig.
Größe: 4 bis 6 m hoch und ebenso breit.
Laub: Eiförmig, grün, leicht glänzend; sommergrün, gelegentlich gelbe Herbstfärbung.
Blüten: Hellgelb in kleinen Büscheln; März bis April.
Früchte: Längliche Steinfrüchte, rot; werden gerne von Vögeln gefressen, können aber auch für Konfitüren verwendet werden.
Standort: Sonnig bis halbschattig.
Eigenschaften: Anspruchsloses Gehölz, bevorzugt kalkhaltige, warme Böden. Bei der Pflanzung ist darauf zu achten, dass die Kornelkirsche die ersten Jahre etwas konkurrenzschwach

Der Perückenstrauch ist eine auffällige Erscheinung.

ist. Durch die frühe und reiche Blüte sehr wertvoll. Die Sorte 'Variegata' hat weißrandiges Laub und ist etwas schwachwüchsiger.

Roter Hartriegel
(Cornus sanguinea)

Wuchs: Aufrechte Grundtriebe, dicht verzweigt. Im Alter breitwüchsig.
Größe: 4 bis 6 m hoch und ebenso breit.
Laub: Elliptisch, dunkelgrün; sommergrün, Herbstfärbung orange.
Blüten: Rahmweiß in flachen Rispen.
Früchte: Blauschwarz, kugelig; roh schwach giftig, in gekochtem Zustand aber essbar. Werden gerne von Vögeln verzehrt.
Standort: Sonnig bis halbschattig.
Eigenschaften: Anspruchslos, frosthart, kalkliebend; Boden befestigend durch Ausläuferbildung. Schöner Winteraspekt durch die dunkelrote Rinde.

Haselnuss
(*Corylus avellana* und *C. maxima* in Sorten)

Wuchs: Breit aufrecht, mehrstämmig von der Basis her.
Größe: 4 bis 7 m hoch und 3 bis 6 m breit.
Laub: Breit eiförmig mit gesägtem Rand; sommergrün.
Blüten: Männliche hängende Kätzchen; Februar bis März. Weibliche Blüten unscheinbar.
Früchte: Nüsse in geschlitzten Hüllen, zu mehreren zusammen; essbar.
Standort: Sonnig bis schattig, im Schatten schwächerer Fruchtansatz.
Eigenschaften: Toleriert fast alle Bodenarten, lediglich stark saure und staunasse Böden werden gemieden. Heimisches Fruchtgehölz, auch für den lichten Schatten unter großen Bäumen geeignet; Wurzeldruck wird gut vertragen.
Sorten: *C. avellana* 'Rotblättrige Zellernuss': Laub im Austrieb dunkelrot, später dunkelgrün; *C. maxima* 'Purpurea': Höhe bis 4 m, Laub im Austrieb hellrot, später dunkelrot; *C. maxima* 'Webb's Preisnuss': Im Wuchs kleiner, bis 3 m hoch; sehr reich tragend.

Perückenstrauch
(Cotinus coggygria)

Wuchs: Sparrig, breit ausladend, im Alter mit überhängenden Ästen.
Größe: 3 bis 5 m hoch und bis 6 m breit.
Laub: Verkehrt eiförmig, matt; orange bis rote Herbstfärbung.
Blüten: Dichte Rispen aus winzigen unscheinbaren Blütchen; Juni bis Juli.
Früchte: Auffällige perückenartige, fedrige Rispen.
Standort: Sonnig.
Eigenschaften: Verträgt Trockenheit und Hitze, frosthart; für alle nicht zu feuchten Böden geeignet. Sehr attraktiver Strauch für Einzel- und Gruppenpflanzung, zusätzlich zum schönen Fruchtschmuck verfärben

sich die Blätter im Herbst in flammenden Farben.
Sorten: *C. coggygria* 'Royal Purple': Rotbraunes Laub, ansonsten wie die Art.

Deutzie, Sternchenstrauch

(*Deutzia* in Arten und Sorten)

Wuchs: Aufrecht bis überhängend, dichtbuschig.
Größe: Je nach Art und Sorte 1,5 bis 4 m und ebenso breit.
Laub: Eiförmig bis lanzettlich, sommergrün.
Blüten: Glockig bis sternförmig in Rispen, je nach Sorte weiß bis hellrosa; Juni bis Juli.
Standort: Sonnig.
Eigenschaften: Prächtiger Blütenstrauch für alle nicht zu trockenen, am besten frischen Böden. Die Sträucher sollten nach der Blüte etwas ausgelichtet werden.
Sorten: *D.* x *lemoinei* 'Boule de Neige': Bis 1,5 m hoch und ebenso breit; Cremeweiße Blüten mit auffallenden gelben Staubgefäßen. *D.* x *magnifica*: Straff aufrecht, 3 bis 4 m hoch und 2 bis 2,5 m breit; Blüten weiß, locker gefüllt; *D.* 'Mont Rose': Aufrecht mit leicht überhängenden Zweigen, 1,5 bis 2 m hoch und ebenso breit; Blüten hellrosa, sehr groß; *D. scabra* 'Plena': Aufrecht bis sparrig, 4 m hoch und bis 2,5 m breit; Blüten weiß, dicht gefüllt.

***Ein beliebter Strauch im Garten:* Deutzia.**

Europäischer Spindelstrauch, Pfaffenhütchen

(*Euonymus europaea*)

Wuchs: Locker aufrecht bis sparrig.
Größe: 2 bis 4 m hoch und 1,5 bis 4 m breit.
Laub: Eiförmig, dunkelgrün; sommergrün, Herbstfärbung meist gelb.
Blüten: Grüngelb, unscheinbar; Mai bis Juni.
Früchte: Karminrosa Fruchtkapseln, beim Aufplatzen sind leuchtend orange Fruchthüllen sichtbar.
Standort: Sonnig bis halbschattig.
Eigenschaften: Frosthart, windfest, hitzetolerant; geeignet für alle neutralen bis alkalischen Böden. Heimischer Strauch mit attraktivem Fruchtbehang im Herbst. Die gesamte Pflanze ist stark giftig. *C. europaea* 'Red Cascade' hat besonders große farbintensive Früchte.

Euonymus europaea, *das heimische Pfaffenhütchen.*

Forsythie

(*Forsythia* x *intermedia* und *F. suspensa*)

Wuchs: Aufrecht mit überhängenden Zweigen.
Größe: Je nach Sorte 1,5 bis 3 m hoch und ebenso breit.
Laub: Breit lanzettlich, dunkelgrün; sommergrün.
Blüten: Gelb, mit vier Blütenblättern, sehr zahlreich vor dem Laubaustrieb erscheinend; April bis Mai.
Standort: Sonnig.
Eigenschaften: Frosthart, für jeden frischen, nahrhaften Boden geeignet. Klassischer

Heptacodium miconioides, *eine (noch) unbekannte Schönheit.*

Frühjahrsblüher mit guter Fernwirkung.
Sorten: *F.* x *intermedia* 'Lynwood': Leuchtend gelbe, sehr große Blüten; 2 bis 3 m hoch und 2 m breit, dichter Wuchs; *F.* x *intermedia* 'Spectabilis': Dunkelgelbe Blüten; 3 m hoch und ebenso breit; *F.* x *intermedia* 'Spring Glory': Hellgelbe Blüten; bis 3 m hoch und ebenso breit; *F. suspensa*: Kleine mittelgelbe Blüten; Wuchs bogig überhängend, bis 3 m hoch. Kann gut an Mauern gezogen werden.

„Strauch der sieben Söhne von Zheijang"

(Heptacodium miconioides)

Wuchs: Dichtbuschig aufrecht.
Größe: 2 bis 3 m hoch und ebenso breit.
Laub: Lanzettlich, stumpfgrün; sommergrün.
Blüten: Weiß, in endständigen Büscheln, stark duftend; Ende August bis September (Oktober).
Früchte: Rot, lange haftend.
Standort: Sonnig.
Eigenschaften: Frosthart, geeignet für jeden nahrhaften, aber durchlässigen Boden. Dieser chinesische Strauch ist bisher noch weitgehend unbekannt und nur in einigen Baumschulen erhältlich (er hat noch nicht einmal einen deutschen Namen). Er ist aber durch seine späte Blüte und Anpassungsfähigkeit eine sehr wertvolle Bereicherung für das Sortiment. Am besten kann er sich in warmen Spätsommern entwickeln, die Früchte reifen aber nur selten aus.

Ranunkelstrauch

(*Kerria japonica* 'Pleniflora')

Wuchs: Ausgebreitet, mit straff aufrechten Grundtrieben.
Größe: 1,5 bis 2 m hoch und ebenso breit.
Laub: Spitz eiförmig mit gezähntem Rand, dunkelgrün; sommergrün.
Blüten: Gelb, dicht gefüllt; Mai bis Juni.
Standort: Sonnig bis halbschattig (schattig).
Eigenschaften: Frosthart, bevorzugt durchlässigen, eher trockenen als feuchten Boden, insgesamt anspruchslos. Gelegentlicher Auslichtungsschnitt empfehlenswert.

Kolkwitzie

(Kolkwitzia amabilis)

Wuchs: Aufrecht mit überhängenden Zweigen, im Alter lockerer.
Größe: 2 bis 3 m hoch und ebenso breit.
Laub: Spitz eiförmig, stumpfgrün, leicht behaart; sommergrün.
Blüten: Glockige rosa Blüten in dichten Büscheln; Mai bis Juni.
Standort: Sonnig bis halbschattig.
Eigenschaften: Robust, frosthart, geeignet für alle nicht zu kalkhaltigen Böden. Blüht auch im Halbschatten zuverlässig und verträgt zeitweilige Trockenheit gut. Die Kolkwitzie ist ein spektakulärer Blütenstrauch von einer überschäumenden Blütenfülle.

Schirm-Heckenkirsche

(Lonicera maackii)

Wuchs: Aufrecht, im Alter breit ausladend.
Größe: 3 bis 5 m hoch und ebenso breit.

Ideal für halbschattige Lagen: **Kolkwitzia amabilis.**

Laub: Spitz eiförmig, dunkelgrün, leicht behaart; sommergrün.
Blüten: Weiße, paarige Röhrenblüten; stark duftend; Mai bis Juni.
Früchte: Rote kugelige Beeren, schwach giftig.
Standort: Sonnig bis halbschattig.
Eigenschaften: Frosthart, gedeiht auf jedem nicht zu sauren Gartenboden. Die Blüten duften besonders in den Abendstunden sehr intensiv; ein Strauch für alle Sinne!

Tatarische Heckenkirsche
(Lonicera tatarica)

Wuchs: Aufrecht, dichtbuschig, im Alter auch breitwachsend.
Größe: 3 bis 4 m hoch und ebenso breit.
Laub: Spitz eiförmig, dunkelgrün; sehr früh austreibend, sommergrün.
Blüten: Rosa Röhrenblüten, paarweise an den Zweigen sitzend: Mai bis Juni.
Früchte: Kugelige hellrote Beeren, schwach giftig.
Standort: Sonnig bis halbschattig.
Eigenschaften: Robust, frosthart, toleriert jeden Boden. Nicht besonders auffällig, aber zuverlässig als Füllstrauch und Begleiter.

Zierapfel
(*Malus* in Arten und Sorten)

Wuchs: Großstrauch oder kleiner Baum, je nach Sorte sehr unterschiedlich.
Laub: Eiförmig, meist dunkelgrün.
Blüten: Mai bis Anfang Juni.
Früchte: Steinfrüchte in unterschiedlichen Formen und Farben.
Standort: Sonnig.
Eigenschaften: Bevorzugt nahrhafte, durchlässige Böden mit nicht zu hohem pH-Wert, ausreichend frosthart. Alle Zieräpfel fallen durch ihre reiche Blüte und die im Herbst gebildeten Steinfrüchte auf.
Sorten: *M.* 'Eleyi': 4 bis 6 m hoch und 3 bis 4 m breit. Blüten dunkelrot, Laub im Austrieb braunrot, später dunkelgrün, Früchte rund,

Zieräpfel und Frühling gehören zusammen!

Die Scheinparrotie mit ihrer ungewöhnlichen Blütenform.

dunkelrot; *M.* 'Evereste': 4 bis 6 m hoch, schmal wachsend. Blüten weiß mit rosa Hauch, Früchte orangerot gestreift; *M. floribunda*: 4 bis 6 m hoch und ebenso breit. Blüte rosa-weiß, Früchte gelb mit Rot; *M.* 'John Downie': 4 bis 6 m hoch und bis 4 m breit. Blüten weiß mit rosa Knospen, Früchte länglich, sehr groß, gelbrot; *M.* 'Tina': 1,5 bis 3 m hoch und ebenso breit, langsam wachsend. Blüten weiß, Früchte gelb.

Scheinparrotie

(Parrotiopsis jaquemontaniana)

Wuchs: Aufrecht bis schmal trichterförmig.
Größe: 3 bis 5 m hoch und 2 bis 3 m breit.
Laub: Dunkelgrün, breit eiförmig mit gesägtem Rand; sommergrün.
Blüten: Gelbe Büschel, umgeben von auffälligen weißen Hochblättern; Mai.
Standort: Sonnig (halbschattig).
Eigenschaften: Frosthart, für jeden frischen, nicht zu kalkhaltigen Boden geeignet. Interessanter, ungewöhnlicher Blütenstrauch.

Blauraute

(Perovskia atriplicifolia)

Wuchs: Halbstrauch, aufrecht mit lockerer Verzweigung.
Größe: 1 bis 1,5 m hoch und bis 2 m breit.
Laub: Graufilzig, lanzettlich, gesägt; sommergrün.
Blüten: Violettblau, in endständigen langen Rispen.
Standort: Sonnig.
Eigenschaften: Geeignet für alle durchlässigen warmen Böden, kalkliebend; kann im Winter zurückfrieren, treibt aber von der Basis wieder durch. Rückschnitt im Frühjahr empfohlen. Wunderschöner Halbstrauch mit mediterranem Flair.

Dalmatiner Goldregen

(Petteria ramentacea)

Wuchs: Straff aufrecht.
Größe: 1,5 bis 2 m hoch und bis 1,5 m breit.
Laub: Hellgrün, dreiteilig gefiedert; sommergrün:
Blüten: Gelb, in kurzen Trauben, duftend; Mai bis Juni.
Früchte: Braune Hülsen, giftig.
Standort: Sonnig.

Petteria ramentacea, *der kleinere „Goldregen".*

Eigenschaften: In ungünstigen Lagen frostgefährdet, benötigt nahrhaften aber durchlässigen, eher trockenen Boden. Kann als Alternative zu dem sehr hoch werdenden Goldregen verwendet werden.

Pfeifenstrauch, Falscher Jasmin

(*Philadelphus* in Arten und Sorten)

Wuchs: Meist straff aufrecht wachsend, im Alter mit überhängenden Zweigen.
Laub: Spitz eiförmig, dunkelgrün mit rauer Oberfläche; sommergrün.
Blüten: Weiß, in kurzen Trauben oder Büscheln. Große Einzelblüten; Juni bis Juli.
Standort: Sonnig bis halbschattig.
Eigenschaften: Für jeden einigermaßen nahrhaften, nicht zu trockenen Boden geeignet, frosthart. Überreich blühender Strauch für Einzelstellung und lockere Hecken. Sollte regelmäßig von der Basis her ausgelichtet werden, um einen harmonischen Wuchs zu fördern.
Arten und Sorten: *P.* 'Belle Etoile': 1 bis 1,5 m hoch und ebenso breit. Blüten einfach, sehr groß, stark duftend; *P. coronarius*: 2 bis 3 m hoch und 1,5 bis 2 m breit. Blüten stark duftend; *P.* 'Manteau d'Hermine': 1 bis 1,5 m hoch, langsam wachsend, im Alter bis 1,5 m breit. Blüten dicht gefüllt, schwach duftend; *P.* 'Virginal': 2 bis 3 m hoch und ebenso breit. Blüten dicht gefüllt, sehr zahlreich, stark duftend.

Blasenspiere, Fasanenspiere

(Physocarpus opulufolius)

Wuchs: Aufrecht, mit im Alter weit überhängenden Zweigen.
Größe: 3 bis 5 m hoch und im Alter ebenso breit.
Laub: Dreilappig, mittelgrün; sommergrün, Herbstfärbung gelb.
Blüten: Weiß bis hellrosa, in dichten Doldentrauben; Juni bis Juli.
Früchte: Braunrote Balgfrüchte.
Standort: Sonnig bis schattig.
Eigenschaften: Außergewöhnlich robuster Strauch, der problemlos auf allen Böden gedeiht. Er bietet zu jeder Jahreszeit einen erfreulichen Anblick: Attraktive Blüte im Sommer, wirkungsvolle, wenn auch nicht auffällige Früchte im Herbst und die hellbraune abblätternde Rinde im Winter.

Falscher Jasmin, aber echt duftend.

Sorten: 'Dart's Gold': Laub im Austrieb leuchtend gelb, später grüngelb; 'Diabolo': Auslese mit blutroter Belaubung und cremeweißen Blüten.

Fingerstrauch

(Potentilla fruticosa)

Wuchs: Breitbuschig mit dichter Verzweigung.
Größe: 1 bis 1,5 m hoch und ebenso breit.
Laub: Schmal elliptisch, dunkelgrün; sommergrün.
Blüten: Schalenblüten, meist gelb; Juni bis Oktober.

Standort: Sonnig.
Eigenschaften: Robust, frosthart, geeignet für alle nicht zu trockenen und nicht zu kalkhaltigen Böden. Die Bildung eines starken Blütenansatzes wird durch einen kräftigen Rückschnitt im Frühling angeregt.
Sorten: 'Abbotswood': Weiße Blüten, leicht überhängender Wuchs, bis 1 m hoch; 'Goldfinger': Blüten leuchtend gelb, besonders robust und reich blühend; 'Goldstar': Sehr große gelbe Blüten, bis 1 m hoch; 'Goldteppich': Blüten leuchtend gelb, Wuchshöhe bis 0,8 m; 'Maanelys': Ältere Sorte mit kleinen schwefelgelben Blüten, dezente Wirkung; 'Red Ace': Blüten orangerot, bis 0,7 m hoch; gedeiht am besten in kühlen luftfeuchten Regionen.

Trauben-Kirsche

(Prunus padus)

Wuchs: Rundlicher Strauch oder auch mehrstämmiger kleiner Baum.
Größe: 6 bis 10 m hoch und bis 4 bis 7 m breit.
Laub: Verkehrt eiförmig, Dunkelgrün; sommergrün.
Blüten: Weiß, in leicht überhängenden Trauben, duftend; April bis Mai.
Früchte: Schwarz glänzend, kugelig. Essbar, aber geschmacklich uninteressant.
Standort: Sonnig bis halbschattig.
Eigenschaften: Frosthart, gelegentlich spätfrostgefährdet; wächst am besten auf genügend feuchten Böden, verträgt aber auch zeitweilige Trockenheit. Schönes heimisches Blütengehölz.

Potentilla fruticosa ***begeistert durch eine lange Blütezeit.***

Sorten: 'Colorata': Laub im Austrieb braunrot, später etwas vergrünend, Blüten rosa; 'Watereri': Besonders dichte und auffällige Blütentrauben.

Schlehe, Schlehdorn

(Prunus spinosa)

Wuchs: Dichtwüchsig, sparrig verzweigt, dornig.
Größe: 2 bis 3 m hoch und im Alter durch Ausläuferbildung noch breiter.
Laub: Elliptisch, dunkelgrün; sommergrün.
Blüten: Weiß, einzeln dicht an den Zweigen sitzend, klein aber zahlreich; April bis Mai.
Früchte: Kugelig, blau bereift, nach Frosteinwirkung essbar und in der Küche verwendbar.
Standort: Sonnig bis halbschattig.
Eigenschaften: Frosthart, windfest, Hitze und Trockenheit ertragend; kalkliebend, aber sehr standorttolerant. Die Schlehe ist ein klassisches Landschaftsgehölz mit hohem ökologischen Wert, auch im Garten gut einsetzbar.

Feuerdorn

(*Pyrancantha* in Sorten)

Siehe unter Formhecken ab Seite 39.

Rhododendren sollten in keinem Garten fehlen.

Rhododendron
(*Rhododendron* Hybriden in Sorten)

Wuchs: Breitbuschig bis kuppelartig.
Größe: Je nach Sorte bis zu 4 m, die neuen Züchtungen bleiben aber meist viel kleiner; breiter als hoch.
Laub: Schmal oval, lederartig; immergrün.
Blüten: Glockige Einzelblüten in meist kompakten Büscheln; fast alle Farben. Ende Mai bis Juni.
Standort: Lichtschattig bis absonnig, bei Schutz vor Wintersonne auch sonnig.
Eigenschaften: Beliebter Blütenstrauch, zur Blütezeit mit spektakulärer Fernwirkung. Die heutigen Hybriden sind Kreuzungen aus verschiedenen Wildarten, die im Hinblick auf Blütenfülle, kompakten Wuchs und Winterhärte gezüchtet wurden. Rhododendren benötigen humosen, frischen, sauren Boden, allerdings gibt es seit kurzer Zeit Sorten, die auf spezielle Unterlagen veredelt wurden und daher in Maßen kalktolerant sind (sogenannte INKARHO-Rhododendren). Die Sorten der Yakushimanum-Hybriden wachsen besonders kompakt und werden selten über 1,5 m hoch, außerdem sind sie auch für sonnige Standorte gut geeignet. Das Sortiment ist inzwischen so umfangreich, dass spezielle Sortenempfehlungen kaum gegeben werden können. Das Beste ist, sich in einer Baumschule beraten zu lassen. Außer zur Einzelstellung lässt sich Rhododendron auch gut für lockere Hecken verwenden, in denen verschiedene Sorten mit ähnlicher Wuchshöhe kombiniert werden.

Blutjohannisbeere
(*Ribes sanguineum*)

Wuchs: Breit aufrecht, dicht.
Größe: 1,5 bis 2 m hoch und ebenso breit.
Laub: Rundlich, gelappt, Oberseite dunkelgrün, unten filzig; sommergrün.
Blüten: Rosa bis karminrot, in hängenden Trauben; April bis Mai, vor dem Laubaustrieb.
Früchte: Blau bereifte Beeren.
Standort: Sonnig.
Eigenschaften: Frosthart, anspruchlos, für alle frischen, aber nicht zu schweren und nassen Böden geeignet. Klassiker unter den Frühjahsblühern, in Verbindung mit Forsythien ungemein farbintensiv.

Die Blutjohannisbeere ist dekorativ und wohlriechend.

Strauch- und Parkrosen
(*Rosa*-Hybriden in Sorten)

Hohe, dicht und überhängend wachsende Sorten lassen sich hervorragend in Blütenhecken verwenden.

Eigenschaften: Alle Rosen verlangen einen sonnigen, aber keineswegs heißen Standort und guten, nahrhaften, durchlässigen Boden. Strauchrosen sollten möglichst nicht zurückgeschnitten, sondern nur bei Bedarf ausgelichtet werden.

Ausgewählte Sorten:
'Canary Bird': Wird 2 bis 3 m hoch und ebenso breit; Blüten klein, einfach, leuchtend gelb, einmal blühend; 'Complicata': Wird 2 bis 2,5 m hoch und bis 3 m breit; Blüten einfach, magentarosa, einmal blühend; 'Cornelia': Wird 1,5 m hoch und breit; Blüten dicht gefüllt, rosa mit Aprikot, öfter blühend; 'Dupontii': Wird 2 m hoch und 1,5 m breit; Blüten einfach, weiß mit einem rosa Hauch, einmal blühend; 'Frühlingsmorgen': Wird 2 m hoch und 1,5 m breit; Blüten einfach, rosa mit gelber Mitte, einmal blühend; 'Glory of Edzell': Wird 2 m hoch und ebenso breit; Blüten klein, einfach, purpurlila, einmal blühend; 'Königin von Dänemark': Wird 1,5 m hoch und ebenso breit; Blüten dicht gefüllt, rosa, einmal blühend; 'Lady Penzance': Wird 2 m hoch und ebenso breit; Blüten einfach, rosa mit gelber Mitte, einmal blühend; 'Maiden's Blush': Wird 2 m hoch und 1,5 m breit; Blüten dicht gefüllt, zartrosa, einmal blühend; 'Maigold': Wird 2,5 m hoch und ebenso breit; Blüten einfach, gelb mit rosa Hauch, einmal blühend; 'Marguerite Hilling': Wird 2 bis 2,5 m hoch und 2,5 m breit; Blüten leicht gefüllt, kräftig rosa, einmal blühend mit einigen späten Blüten; 'Nevada': Identisch mit 'Marguerite Hilling', die Blüten sind aber weiß; 'Prosperity': Wird 2 m hoch und 1,5 m breit; Blüten gefüllt, cremeweiß, öfter blühend; 'Sally Holmes': Wird 2 m hoch und 1,5 m breit; Blüten einfach, reinweiß, öfter blühend; 'Souvenir de St. Annes': Wird 2 m hoch und ebenso breit; Blüten leicht gefüllt, weiß, öfter blühend; 'Wilhelm': Wird 2 m hoch und ebenso breit; Blüten gefüllt, karminrot, einmal blühend.

Rosa x dupontii *verströmt einen köstlichen Duft.*

Vielblütige Rose
(Rosa multiflora)

Wuchs: Breit ausladend mit bogig überhängenden Trieben.
Größe: 2 bis 3 m hoch und 3 bis 4 m breit.

Die Strauchrose **'Glory of Edzell'** *ist eine fantastische Heckenrose.*

Laub: Dunkelgrün, gefiedert; sommergrün, aber später Laubfall.
Blüten: Weiß, in dichten Rispen, duftend; Juni bis Juli.
Früchte: Kugelig, rot, sehr klein; lange haftend.
Standort: Sonnig bis halbschattig.
Eigenschaften: Robust und anspruchslos. Für alle sauren bis neutralen Böden geeignet, auf alkalischen Böden Neigung zu Chlorose. Bildet Dickichte und wächst auch auf lichtarmen Standorten noch zufriedenstellend.

Zier-Brombeere
(*Rubus* x *tridel* 'Benenden')

Wuchs: Locker aufrecht mit überhängenden Zweigen.
Größe: 2 m hoch und ebenso breit.
Laub: Dunkelgrün, oval mit gesägtem Rand; sommergrün.
Blüten: Große weiße Schalenblüten mit gelben Staubgefäßen; Mai bis Juni.
Standort: Sonnig bis halbschattig.
Eigenschaften: Geeignet für alle frischen und nahrhaften Böden, frosthart. Die Zierbrombeere hakt sich mit den langen Trieben in anderen Gehölzen fest. Sehr attraktiv durch die großen leuchtend weißen Blüten.

Schwarzer Holunder
(Sambucus nigra)

Wuchs: Breitbuschig bis kuppelförmig.
Größe: 3 bis 5 m hoch und ebenso breit.
Laub: Dunkelgrün, gefiedert, sommergrün.
Blüten: Cremeweiß, in großen Schirmrispen; Juni bis Juli.
Früchte: Schwarz, kugelig, sehr saftig.
Standort: Sonnig bis halbschattig.
Eigenschaften: Heimischer Fruchtstrauch, alte Kulturpflanze. Gedeiht auf jedem nahrhaften Boden, kalkliebend. Die Holunderbeeren können zu Saft und Marmelade verarbeitet werden und werden von Vögeln gerne gefressen.

Eberesche
(Sorbus aucuparia)

Wuchs: Kleiner Baum oder mehrstämmiger Strauch. Die Unterart *Sorbus aucuparia* ssp. *glabrata* wächst immer strauchartig.

Kräftig leuchten die Früchte der Eberesche.

Größe: 5 bis 7 m hoch und 3 bis 4 m breit.
Laub: Frischgrün, gefiedert; sommergrün, Herbstfärbung gelb bis orange.
Blüten: Weiß, in dichten flachen Schirmrispen; Mai bis Juni.
Früchte: Leuchtend rote Beeren, zahlreich, essbar.
Standort: Sonnig bis halbschattig.
Eigenschaften: Frosthart, robust, auf fast allen Böden zufriedenstellend wachsend. Lockerer Strauch mit besonders schönem Herbstaspekt.

Grauer Spierstrauch
(*Spiraea cinerea* 'Grefsheim')

Wuchs: Dichtbuschig mit überhängenden Zweigen.

Robust, reich blühend und frosthart: die rote Sommerspiere.

Größe: 1,5 bis 2 m hoch und ebenso breit.
Laub: Graugrün lanzettlich; sommergrün, Herbstfärbung gelb.
Blüten: Reinweiß, an den Zweigen wie an einer Perlenschnur aufgereiht; April bis Mai.
Standort: Sonnig.
Eigenschaften: Frosthart, gedeiht am besten auf durchlässigen frischen Böden. Überreich blühender Frühjahrsstrauch, kann nach der Blüte zurückgeschnitten werden.

Rote Sommerspiere
(*Spiraea* x *bumalda*)

Wuchs: Gedrungen, buschig, mit aufstrebenden Trieben.
Größe: Bis 0,8 m und etwas breiter.
Laub: Lanzettlich, im Austrieb hellrot, später hellgrün; sommergrün.
Blüten: Rosarot, in flachen Rispen.
Standort: Sonnig bis halbschattig.
Eigenschaften: Für alle frischen Böden geeignet, frosthart. Kann als niedrige Hecke gezogen werden, sollte dann im Frühjahr bis auf ein Drittel zurückgeschnitten werden. In gemischten Hecken kann der Rückschnitt sparsamer eingesetzt werden.
Sorten: 'Anthony Waterer': Blüten dunkel rosarot; Juli bis September; 'Dart's Red': Besonders dunkle Blüten; 'Goldflame': Laub grüngelb gestreift.

Persischer Flieder
(*Syringa* x *persica*)

Wuchs: Dichtbuschig, kompakt.
Größe: 1,5 bis 2 m hoch und ebenso breit.
Laub: Spitz eiförmig, glatt, frischgrün; sommergrün.
Blüten: Hellviolett, duftend, in kleinen dichten Rispen; Mai bis Juni.
Standort: Sonnig.
Eigenschaften: Sehr frosthart, für alle nicht zu feuchten Böden geeignet. Wirkt in allen Teilen zierlicher als *S. vulgaris*.

Edel-Flieder
(*Syringa vulgaris* in Sorten)

Wuchs: Aufrecht, dicht wachsend.
Größe: 4 bis 6 m hoch und 3 bis 5 m breit.
Laub: Herzförmig, dunkelgrün.
Blüten: Endständige dicke Rispen, je nach Sorte in Weiß-, Rosa- und Lilatönen, duftend; Mai bis Anfang Juni.
Standort: Sonnig.
Eigenschaften: Anspruchslos, frosthart, Hitze und

An Blütenpracht kaum zu überbieten ist der Edel-Flieder.

Trockenheit vertragend. Kalkliebend, gedeiht aber auf nahezu allen Böden. Bekannter und beliebter Spätfrühlingsblüher.

Ausgewählte Sorten:
'Andenken an Lothar Späth': Blüten purpurlila, einfach; 'Charles Joly': Blüten purpurrot, gefüllt; 'Marie Legraye': Blüten reinweiß, einfach; 'Mme. Antoine Buchner': Blüten rosa und gefüllt; 'Mme. Lemoine': Blüten weiß, gefüllt; 'Primrose': Blüten cremeweiß bis hellgelb, einfach; 'Ruhm von Horstenstein': Blüten violettrot, einfach; 'Sensation': Blüten kräftig dunkellila mit weißem Rand, einfach.

Sommer-Tamariske
(Tamarix ramosissima)

Wuchs: Basistriebe aufrecht, Zweige bogig überhängend.
Größe: 2 bis 3 m hoch und ebenso breit.
Laub: Schuppig, fast nadelig wirkend, stumpfgrün.
Blüten: Rosa, in endständigen langen Rispen; Juli bis September.
Standort: Sonnig.
Eigenschaften: Frosthart, verträgt Hitze und Trockenheit; geeignet für jeden nicht zu schweren Boden. Elegantes Gehölz mit schleierartigem Habitus, wertvoll auch durch die späte Blüte.

Duftender Winter-Schneeball
(*Viburnum* x *bodnantense* 'Dawn')

Wuchs: Aufrecht mit sparriger Verzweigung.
Größe: 2 bis 3 m hoch und im Alter ebenso breit.
Laub: Lanzettlich, stumpfgrün; sommergrün, Herbstfärbung rotbraun.
Blüten: Rosa Röhrenblüten in Büscheln, stark duftend; Februar bis April, oft auch schon ab Dezember.
Standort: Sonnig bis halbschattig.
Eigenschaften: Frosthart, geeignet für alle nicht zu trockenen, sauren bis schwach alkalischen Böden. Ein einzelner Strauch kann im Spätwinter eine ganze Gartenpartie in ihren Duft einhüllen.

Koreanischer Duft-Schneeball
(*Viburnum carlesii* 'Aurora')

Wuchs: Dichtbuschig bis kuppelförmig.
Größe: 1,5 bis 2 m hoch und ebenso breit.
Laub: Breitoval, stumpfgrün, rau; sommergrün.
Blüten: Rosa, Knospen rot, in flachen Büscheln, süß duftend; April bis Mai.
Standort: Sonnig bis halbschattig.
Eigenschaften: Frosthart, benötigt frischen, humosen Boden. Durch den mäßigen Wuchs auch für kleinere Gärten interessant. Die Sorte 'Aurora' ist wüchsiger und gesünder als die Art und sollte deshalb bevorzugt werden.

Wolliger Schneeball
(*Viburnum lantana*)

Wuchs: Aufrecht-verzweigt, buschig.
Größe: 3 bis 6 m hoch und 3 m breit.
Laub: Eiförmig, stumpfgrün mit filziger Unterseite; sommergrün.
Blüten: Weiß in flachen Rispen; Mai.
Früchte: Länglich, rot, bei Reife schwarz, oft beide Farben an einer Rispe; schwach giftig.
Standort: Sonnig bis halbschattig.
Eigenschaften: Frosthart, verträgt Hitze und Trockenheit, empfindlich gegen Staunässe. Kein spektakuläres Gehölz, aber anpassungsfähig und vielseitig verwendbar.

Weigelie
(*Weigela florida* und *Weigela*-Hybriden in Sorten)

Wuchs: Buschig aufrecht, im Alter auch überhängend.
Größe: Je nach Sorte 1,5 bis 3 m hoch und ebenso breit.
Laub: Spitz eiförmig, mittelgrün; sommergrün.
Blüten: Röhrenblüten in Büscheln, je nach Sorte in Weiß, Rosa oder Rot; Juni bis Juli, spätere Nachblüte möglich.
Standort: Sonnig bis halbschattig.

Ein attraktiver Blüher im Frühsommer ist die Weigelie.

Eigenschaften: Robust, frosthart, kommt mit allen nicht zu trockenen Böden zurecht. Wertvolles spät blühendes Gehölz. Nach der Blüte vorsichtig auslichten.
Sorten: 'Bristol Ruby': Bis 3 m hoch; Blüten rubinrot; 'Carnaval': 2 m hoch; Blüten hell- bis dunkelrosa; 'Eva Rathke': 2 m hoch, Blüten dunkelrot; *W. florida* 'Nana Variegata': 1,5 bis 1,8 m hoch; Blüten rosa, Laub weiß gerandet.

Stachelesche
(*Zantoxylum simulans*)

Wuchs: Breit aufrecht mit sehr dick werdenden Trieben.
Größe: 2,5 bis 3 m hoch und ebenso breit.
Laub: Zierlich gefiedert, hellgrün; sommergrün.
Blüten: Gelb, in kurzen Rispen; Juni.
Früchte: Rot, kugelig.
Standort: Sonnig bis halbschattig.
Eigenschaften: Frosthart, robust, kommt mit fast allen Böden zurecht. Interessantes, ziemlich unbekanntes Gehölz. Der besondere Effekt kommt vor allem im Winter zur Geltung: Die Äste sind mit dreieckigen Stacheln besetzt, die mitwachsen und mit der Zeit wie eine Echsenhaut wirken.

Anhang

Literatur

BdB-Handbuch V: Gehölzsortimente und ihre Verwendung. Grün ist Leben GmbH. Pinneberg 1995

Harkness, Peter: Rosen. Weltbild Verlag Augsburg 1992

Phillips, Roger und Rix, Martyn: Sträucher. Droemer-Knauer München 1989

Warda, Hans-Dieter: Das große Buch der Garten- und Landschaftsgehölze. Bruns GmbH Bad Zwischenahn 1998

Zeitschriften

Flora, Verlag Gruner + Jahr, Hamburg

Gartenpraxis, Verlag Eugen Ulmer, Stuttgart

Mein schöner Garten, Senator Verlag, Offenburg

Meine grüne Welt, OZ Verlag GmbH, Rheinfelden

The English Garden UK Issue, Romsey Publishing, London

Adressen

Heimische Gehölze:
Ahornblatt GmbH
Postfach 1125
55001 Mainz
Tel.: 06131 / 723 54
www.ahornblatt-garten.de
e-mail: Nachricht@
Ahornblatt-Garten.de

Ahrens und Siebertz
Großversand/Gärtnerei
53718 Siegburg-Seligenthal

Buchsbaum:
Atrops Anzuchtbaumschule
Feldstr. 12
47508 Rheurdt
Tel.: 02845 / 60 99 56
www.getnet.de/
baumschule-atrops

Hier können Sie Baumschulen in Ihrer Nähe erfragen:
Bund deutscher Baumschulen
Bismarckstr. 49
25421 Pinneberg
Tel.: 04101 / 20 59-0,
Fax: 04101 / 20 59-31
www.bund-deutsche-baumschulen.de
e-mail: info@bund-deutscher-baumschulen.de

Naturwuchs Gärtnerei
Bardenhorst 15
33739 Bielefeld
Tel.: 0521 / 853 56
www.naturwuchs.de

Rosenhof Schultheis
Bad Nauheimer Str. 3–7
61231 Bad Nauheim-Steinfurth
Tel.: 06032 / 810 13
www.rosenhof-schultheis.de
e-mail: Infos@Rosenhof-Schultheis.de

Liebhabergesellschaften:

Deutsche Dendrologische Gesellschaft
c/o Frau Ursula Müller
Auf dem Steg 40
54311 Trierweiler
Tel.: 0651 / 998 07 09

Deutsche Rhododendron-Gesellschaft
c/o Frau Julia Westhoff
Marcusallee 60
28359 Bremen

Verbände:

Zentralverband Gartenbau e.V.
Godesberger Allee 142–148
53175 Bonn
www.g-net.de/zvg

Register